JOE VITALE
& Ihaleakala Hew Len, PhD

Tradução de: Claudia Gerpe Duarte

Título do original
ZERO LIMITS
The Secret Hawaiian System for
Wealth, Health, Peace, and More

Copyright © 2007 *by* Hypnotic Marketing and Dr. Ihaleakala Hew Len.
Todos os direitos reservados.

Nenhuma parte desta publicação pode ser reproduzida, armazenada em sistemas ou transmitida por meio eletrônico, mecânico, fotocópia, gravado, escaneado, entre outros, exceto quando autorizada em conformidade com as Seções 107 e 108 de 1976 do United State Copyright Act, nem tampouco sem a prévia autorização por escrito do proprietário ou permitida através de pagamento de taxa acordada para o uso do material ao detentor dos direitos autorais: Copyright Clearance Center – 222 Rosewood Drive, Danvers, MA 01923 (978) 750-8400, fax (978) 750-4774 ou www.copyright.com.
Pedidos de autorização devem ser endereçados ao Permissions Department, da John Wiley & Sons, Inc., 605 Third Avenue, Nova York, NY 10158-0012, (212) 850-6011, fax (212) 850-6008, ou http://www.wiley.com/go/permissions.

Copyright da edição brasileira © 2009 *by* Editora Rocco Ltda.

Direitos para a língua portuguesa reservados
com exclusividade para o Brasil à
EDITORA ROCCO LTDA.
Rua Evaristo da Veiga, 65 – 11º andar
Passeio Corporate – Torre 1
20031-041 – Rio de Janeiro – RJ
Tel.: (21) 3525-2000 – Fax: (21) 3525-2001
rocco@rocco.com.br
www.rocco.com.br

Printed in Brazil/Impresso no Brasil

preparação de originais
TAMARA SENDER

CIP-Brasil. Catalogação na fonte.
Sindicato Nacional dos Editores de Livros, RJ.

V821l   Vitale, Joe, 1953-
       Limite zero: o sistema havaiano secreto para prosperidade, saúde, paz, e mais ainda / Joe Vitale, Ihaleakala Hew Len; tradução de Claudia Gerpe Duarte. – Rio de Janeiro: Rocco, 2016.

       Tradução de: Zero limits: the secret Hawaiian system for wealth, health, peace, and more
       ISBN 978-85-325-2420-1

       1. Sucesso – Aspectos religiosos. 2. Vida espiritual. I. Hew Len, Ihaleakala. II. Duarte, Claudia Gerpe. III. Título.

016-37549
CDD–204.4
CDU–248

A Morrnah e Ka'i
– Dr. Hew Len

A Mark Ryan e Nerissa
– Dr. Vitale

O *ho'oponopono* é um dom profundo que nos permite desenvolver um relacionamento funcional com a Divindade interior e aprender a pedir que, em cada momento, os nossos erros de pensamento, palavras, feitos ou ações sejam purificados. **O processo diz essencialmente respeito à liberdade, à completa liberdade em relação ao passado.**

– MORRNAH NALAMAKU SIMEONA,
Mestre Principal de Ho'oponopono,
criadora do Ho'oponopono da Identidade Própria
nomeada um Tesouro Vivo do Estado do Havaí
em 1983 pela Hongwanji Mission of Honolulu
e pelo Legislativo do Estado do Havaí

Agradecimentos

Devo agradecer especialmente a duas pessoas por este livro: Mark Ryan, o amigo inestimável que me contou pela primeira vez a história do inusitado terapeuta a respeito de quem vocês irão ler em seguida, e o dr. Ihaleakala Hew Len, esse terapeuta inusitado que se tornou o meu mais recente amigo inestimável. Nerissa, o meu amor, é a minha parceira na vida pessoal e a pessoa que mais me dá apoio. Matt Holt e os meus queridos amigos na John Willey & Sons, Inc. são pessoas com quem é incrível se relacionar e trabalhar. Suzanne Burns é a minha principal assistente e agente de publicidade, e fez uma das primeiras revisões gráficas do original do livro. Os membros do meu grupo *mastermind* me apoiaram neste projeto, entre eles Jillian Coleman-Wheeler, Cindy Cashman, Craig Perrine, Pat O'Bryan, Bill Hibbler e Nerissa Oden. Entre os primeiros leitores deste livro que me ajudaram a configurá-lo e aperfeiçoá-lo estão Mark Weisser e Mark Ryan. Desejo também agradecer ao Divino por me orientar no processo de escrever este livro. Sou grato a todos.

Sumário

Prefácio: *Onde começa a paz* – Dr. Ihaleakala Hew Len 11

Introdução: *O segredo do Universo* – Dr. Joe Vitale 13

A aventura começa 23

Encontrando o terapeuta mais inusitado do mundo 31

A nossa primeira conversa 39

A chocante verdade a respeito das intenções 45

Que exceções? 55

Eu te amo 67

Uma refeição com o Divino 83

As evidências 93

Como criar resultados mais rápidos 133

Como receber mais prosperidade 141

O que as mentes céticas querem saber 155

A escolha é uma limitação 165

Charutos, hambúrgueres e matando o Divino 183

A verdade por trás da história 195

Epílogo: *Os três estágios do despertar*.. 205

Apêndice A: *Princípios fundamentais do Limite Zero* 211

Apêndice B: *Como curar a si mesmo (ou qualquer outra pessoa) e descobrir a saúde, a riqueza e a felicidade* 215

Apêndice C: *Quem está no controle?*
– Dr. Ihaleakala Hew Len 217

Bibliografia 233

Fontes on-line 237

Como vivenciar o Limite Zero neste momento 239

Prefácio

Onde começa a paz

A querida Morrnah Nalamaku Simeona, criadora e primeira mestre principal do Ho'oponopono da Identidade Própria, tinha na sua mesa uma placa com os dizeres: "A paz começa comigo."

Fui testemunha dessa paz além de todo o entendimento no período em que trabalhei e viajei com ela entre 1982 até aquele dia fatídico em Kirchheim, Alemanha, em fevereiro de 1992. Mesmo depois de morta, deitada na sua cama cercada pelo caos, ela transmitia uma quietude além de todo o entendimento.

Foi uma enorme sorte e honra para mim ter recebido o treinamento de Morrnah em novembro de 1982 e ter permanecido ao lado dela durante uma década. Estou feliz com o fato de que, com a ajuda do meu amigo dr. Joe Vitale, esta mensagem possa agora alcançar o mundo.

Mas a verdade é que ela só precisa alcançar você, através de mim, pois somos todos um só e tudo acontece interiormente.

Paz do Eu,
Ihaleakala Hew Len, PhD
Presidente Emérito do Conselho
The Foundation of I, Inc. Freedom of the Cosmos
www.hooponopono.org
www.businessbyyou.com

Introdução

O segredo do Universo

Escrevi em 2006 um artigo intitulado "The World's Most Unusual Therapist".* Era sobre um psicólogo que ajudou a curar toda uma ala de criminosos que sofriam de doenças mentais – sem jamais atender profissionalmente nenhum deles. Ele utilizou um método havaiano fora do comum. Até 2004, eu nunca ouvira falar nem nesse psicólogo nem no seu método. Pesquisei durante dois anos antes de encontrá-lo, quando então escrevi aquele artigo, hoje famoso.

O artigo espalhou-se pela internet. Foi divulgado em grupos de discussão e enviado por e-mail para listas enormes de pessoas dos mais diferentes estilos de vida. As pessoas da minha própria lista em www.mrfire.com adoraram o artigo, e passaram-no adiante para dezenas de milhares de outras, que por sua vez o encaminharam para parentes e amigos. Estimo que cerca de cinco milhões de pessoas tenham visto o artigo.

Todos os que o leram acharam difícil acreditar. Algumas pessoas se sentiram inspiradas. Outras se mostram céticas. Todas quiseram mais informações. Este livro é um resultado do desejo delas e da minha busca.

Mesmo que você seja um veterano das cinco regras do meu livro anterior, *The Attractor Factor*,** talvez não compreenda as incrí-

---

* O Terapeuta Mais Inusitado do Mundo. (N. da T.)
** Publicado no Brasil pela editora Cultrix com o título *Criando riqueza e prosperidade – O fator de atração*. (N. da T.)

veis constatações que estou prestes a lhe revelar aqui, pelo menos não à primeira vista. O simples processo que vou transmitir neste livro ajudará a explicar por que fui capaz de manifestar algumas enormes realizações sem efetivamente tentar fazê-las acontecer. Eis algumas delas:

- O meu programa de áudio com a Nightingale-Conant, *The Power of Outrageous Marketing*, aconteceu *depois* de eu parar de bater na porta deles durante dez anos.
- Como deixei de ser um sem-teto, passei a ser pobre, tornei-me um escritor esforçado, passei em seguida a ser autor de best-sellers e finalmente vim a ser um guru de marketing da internet *sem ter absolutamente nenhum plano?*
- O meu desejo de atrair um carro esporte BMW Z3 me levou a *ficar inspirado* com uma ideia de marketing na internet na qual ninguém tinha pensado antes, o que me rendeu 22.500 dólares em um único dia e 250 mil dólares em mais ou menos um ano.
- O meu desejo de comprar uma propriedade rural na região montanhosa do Texas e me mudar para lá quando estava duro e passando por um divórcio difícil levou-me a criar um novo negócio que me rendeu 50 mil dólares *em um único dia*.
- A minha enorme perda de 36 quilos aconteceu *depois* que eu desisti e me abri a uma nova maneira de alcançar o meu desejo.
- O meu desejo de ser autor de um best-seller que fosse o primeiro da lista me levou a escrever um best-seller nessas condições que em nenhum momento eu *planejei* escrever e que *nem mesmo foi ideia minha*.
- O fato de eu ter aparecido em um filme de sucesso, *O Segredo*, aconteceu sem que eu suplicasse, implorasse, pretendesse ou coordenasse *qualquer coisa*.
- Minha participação no *Larry King Live* em novembro de 2006, e depois novamente em março de 2007, ocorreu sem que eu tivesse a intenção de fazê-lo.

■ Enquanto escrevo estas palavras, os figurões de Hollywood estão falando em transformar em filme o meu livro *The Attractor Factor*, e outros estão negociando para conseguir para mim o meu próprio programa de televisão.

A lista poderia prosseguir a perder de vista, mas você certamente já entendeu o que estou querendo dizer. Muitos milagres estão acontecendo na minha vida.

Mas *por que* estão acontecendo?

Um dia eu fui sem-teto. Hoje sou autor de best-sellers, celebridade da internet e multimilionário.

O que aconteceu comigo que deu origem a todo esse sucesso?

Sim, eu segui os meus sonhos.

Sim, eu entrei em ação.

Sim, eu fui persistente.

Mas muitas pessoas não fizeram essas mesmas coisas e mesmo assim não alcançaram o sucesso?

O que foi diferente no meu caso?

Se você examinar com um olhar crítico as realizações que relacionei, talvez perceba que nenhuma delas foi criada diretamente por mim. Na realidade, o que todas têm em comum é um espírito de planejamento Divino, no qual sou, às vezes, um participante relutante.

Vou explicar isso de outra maneira: no final de 2006, apresentei um seminário chamado Beyond Manifestation* (www.Beyond Manifestation.com), fortemente influenciado pelo que aprendi depois que descobri o misterioso terapeuta havaiano e o seu método. No evento, pedi às pessoas presentes que relacionassem todas as maneiras que conheciam de atrair alguma coisa para a vida delas. Disseram coisas como afirmações, visualizações, intenções, métodos de conscientização do corpo, sentir o resultado final, fazer um roteiro, usar a Técnica da Liberdade Emocional (TLE),** o *tapping*

---

* Além da Manifestação. (N. da T.)
** Às vezes chamada no Brasil de EFT, sigla do nome em inglês, Emotional Freedom Technique. (N. da T.)

e muitas, muitas outras coisas. Depois que os membros do grupo fizeram o inventário de todas as maneiras que lhes ocorreram pelas quais poderiam criar a sua própria realidade, perguntei-lhes se esses métodos funcionavam o tempo todo, sem exceção.

Todos concordaram que nem sempre funcionavam.

"Bem, por que não?", perguntei ao grupo.

Ninguém soube dizer ao certo.

Disparei então o meu comentário para o grupo:

"Todas essas maneiras têm limitações", declarei. "São os brinquedos com os quais a sua mente se entretém para fazer com que vocês continuem pensando que estão no controle. A realidade é que vocês não estão no controle, e os verdadeiros milagres acontecem quando vocês abandonam os brinquedos e confiam em um lugar dentro de vocês onde não existe limite."

Eu disse então a eles que precisamos estar na vida *atrás* de todos esses brinquedos, o que significa estar atrás do tagarelar da mente e ao lado do que chamamos de Divino. Prossegui explicando que existem pelo menos três estágios na vida; no primeiro somos vítimas, no segundo passamos a criar a nossa própria vida e, finalmente, quando temos sorte, nós nos tornamos seguidores do Divino. Neste último estágio, que discutirei mais adiante no livro, milagres impressionantes acontecem praticamente sem que nada tentemos.

Hoje, mais cedo, entrevistei um especialista em metas para o meu programa de afiliação Hypnotic Gold (ver www.Hypnotic Gold.com). Ele escreveu uma série de livros e vendeu milhões de exemplares. Sabe ensinar as pessoas a estabelecer metas. A maior parte da sua filosofia gira em torno de a pessoa ter um desejo ardente de realizar alguma coisa. No entanto, essa estratégia é incompleta. Eu lhe perguntei o que ele sugeria quando alguém não conseguia encontrar a motivação necessária para definir uma meta, que dirá para concluí-la.

"Se eu soubesse como fazer isso", começou ele, "eu seria capaz de resolver quase todos os problemas do mundo."

Ele prosseguiu dizendo que temos que estar com uma vontade imensa de atingir a meta porque, se não estivermos, não conseguiremos manter a disciplina necessária para nos concentrarmos nela e nos esforçarmos para alcançá-la.

"Mas e se o anseio não for grande o suficiente?", perguntei.

"Então não atingiremos o nosso objetivo."

"O que devemos fazer para ter um desejo intenso ou ficar motivado?"

Ele não conseguiu responder à pergunta.

E essa é a dificuldade. Em um determinado ponto, todos os programas de autoajuda e de definição de metas falham. Eles se deparam com o fato perturbador de que, se alguém não está pronto para alcançar uma coisa, essa pessoa não sustentará a energia necessária para manifestá-la. A pessoa desiste. Todo mundo já passou pela experiência de definir resoluções no primeiro dia do ano e esquecê-las no segundo. As boas intenções estavam presentes, mas algo mais profundo não estava em harmonia com os desejos conscientes.

Então como você pode lidar com esse estado mais profundo que não tem uma vontade imensa de atingir a meta?

É aqui que o método havaiano que você vai aprender no livro se revela bastante útil. Ele ajuda a limpar o *inconsciente*, que é onde reside o bloqueio. Ajuda a dissolver os programas ocultos que o impedem de alcançar os seus desejos, estejam eles relacionados com a saúde, a riqueza, a felicidade ou qualquer outra coisa. Tudo acontece dentro de você.

Vou explicar tudo isso no livro que você tem nas mãos neste exato momento, mas por enquanto pense no seguinte:

Uma citação do livro de Tor Norretranders, *The User Illusion,* resume a essência do passeio mental na montanha-russa que você está prestes a iniciar. "O universo começou quando o nada via a si mesmo no espelho."

Em resumo, o limite zero envolve o retorno ao estado zero, no qual nada existe mas tudo é possível. No estado zero, não existem pensamentos, palavras, ações, memórias, programas, convicções ou qualquer outra coisa. Existe apenas o nada.

Mas um dia o nada se viu no espelho e você nasceu. A partir daí, você criou, e inconscientemente absorveu e aceitou, convicções, programas, memórias, pensamentos, palavras, ações e outras coisas. Muitos desses programas recuam ao início da própria existência.

O propósito deste livro é ajudá-lo a experimentar o assombro e admiração de momento a momento. A partir desse estado, milagres como os que descrevi acontecerão a você. Eles serão exclusivamente seus. E serão igualmente maravilhosos, mágicos e milagrosos.

A minha experiência dessa viagem espiritual no poder além da compreensão foi quase indescritível. O meu sucesso está além dos meus sonhos mais extravagantes. Adquiri novas aptidões, e o meu nível de amor por mim mesmo e pelo mundo encontra-se em um nível de entendimento que as palavras frequentemente não conseguem descrever. Vivo em um estado de assombro quase constante.

Vou explicar isso da seguinte maneira: todas as pessoas veem o mundo através de uma lente. As religiões, filosofias, terapias, autores, oradores, gurus e fabricantes de castiçais percebem o mundo através de uma mentalidade particular. Você aprenderá neste livro a usar uma nova lente para dissolver todas as outras. E quando você conseguir fazer isso, estará no lugar que eu chamo de limite zero.

É importante que você entenda que este é o primeiro livro na história a revelar esse método de cura havaiano atualizado, que se chama Ho'oponopono da Identidade Própria. É preciso que você também compreenda que essa é apenas a experiência de um único homem com o método: a minha. Embora este livro tenha sido escrito com a bênção do terapeuta que me ensinou o incrível método, tudo que se segue foi escrito através das lentes com que eu vejo o mundo. Para entender plenamente o Ho'oponopono da Identidade Própria, você precisa participar de um fim de semana de treinamento e experimentá-lo por si mesmo. (Os treinamentos estão relacionados em www.hooponopono.org e www.zerolimits.info.)

Finalmente, toda a essência deste livro pode ser resumida em uma única frase – uma frase que você aprenderá a usar; uma frase que revela o supremo segredo do universo; uma frase que quero dizer a você e ao Divino neste exato momento:

"Eu te amo."

Pegue o bilhete e sente-se. O trem em direção à sua alma está prestes a partir.

Segure bem o chapéu.

> Eu te amo.
> *Aloha no wau ia oe.*
> Dr. Joe Vitale
> (Ao Akua)
> Austin, Texas
> www.mrfire.com

O universo começou quando o nada via a si mesmo no espelho.
Tor Norretranders, *The User Illusion*

A aventura começa

Que a paz esteja com você, toda a minha Paz.
O ka Maluhia no me oe, Ku'u Maluhia a pau loa.

Em agosto de 2004, eu estava falando e trabalhando em um estande na convenção anual da Associação Nacional de Profissionais de Hipnotismo. Gostei das pessoas, do evento, da energia e da troca de informações, mas não estava preparado para o acontecimento altamente transformador que teria início naquele dia.

O meu amigo Mark Ryan estava trabalhando no estande comigo. Mark também é hipnoterapeuta. Ele tem o espírito aberto, é curioso, eloquente e perspicaz no que diz respeito à exploração da vida e de todos os seus mistérios. Frequentemente tínhamos conversas que duravam horas. Conversávamos a respeito dos nossos heróis na terapia, de Milton Erickson a xamãs menos conhecidos. Foi durante uma dessas conversas que Mark me surpreendeu ao perguntar:

"Você já ouviu falar no terapeuta que curou pessoas sem jamais vê-las?"

A pergunta me fez parar. Eu ouvira falar em agentes de cura psíquicos e agentes de cura remota ou a distância, mas Mark parecia estar se referindo a uma coisa diferente.

"Ele é um psicólogo que curou um hospital cheio de criminosos com problemas mentais, mas nunca atendeu pessoalmente um único paciente."

"O que ele fez?"

"Usou um sistema havaiano chamado ho'oponopono."

"Ho-oh-*o quê?*", perguntei.

Pedi a Mark para repetir o termo umas dez vezes. Eu nunca o escutara antes. Mark não conhecia suficientemente bem a história, ou o processo, para poder me revelar muito mais do que isso. Admito que eu estava curioso, mas também confesso que estava cético. Imaginei que deveria se tratar de uma lenda urbana. Curar as pessoas sem vê-las? Sei.

Mark contou-me então a seguinte história:

"Fui várias vezes ao monte Shasta na Califórnia durante 16 anos na tentativa de conhecer a mim mesmo", explicou Mark. "Em uma das ocasiões em que estive lá, um amigo me deu um livreto branco impresso em azul do qual nunca me esqueci. Ele continha um artigo a respeito de um terapeuta havaiano e do seu método. Durante anos, li e reli repetidamente o artigo, o qual não descrevia o que o terapeuta efetivamente fazia, dizendo apenas que ele curava as pessoas com o seu método."

"Onde está esse artigo?", perguntei, porque fiquei interessado em lê-lo.

"Não consigo encontrá-lo", respondeu Mark, "mas algo me disse que eu deveria falar com você a respeito dele. Eu sei que você não acredita em mim, mas estou tão fascinado quanto você. Também quero obter mais informações."

Passou-se um ano até a convenção seguinte. Nesse período, fiz pesquisas on-line mas não consegui encontrar nada a respeito de um terapeuta que curava as pessoas sem vê-las. Sem dúvida, existem informações a respeito da cura a distância, na qual uma pessoa cura outra sem a presença desta, mas eu entendera que o terapeuta havaiano não fazia isso. Como eu viria a descobrir mais tarde, *não existe* nenhuma distância no tipo de cura que ele fazia. Para completar, eu nem mesmo sabia como soletrar *ho'oponopono*, de modo que a busca on-line ficava bastante prejudicada. Assim, deixei de pensar no assunto.

Depois, em 2005, na convenção seguinte de hipnose, Mark voltou a mencionar o terapeuta.

"Você conseguiu encontrar alguma coisa a respeito dele?", perguntou.

"Não sei o nome dele e não sei soletrar ho-sei-lá-o-quê", expliquei, "de modo que não consegui encontrar nada."

Mark é uma pessoa dinâmica e empreendedora. Fizemos uma pausa, peguei o meu laptop, encontrei uma conexão wireless da internet e comecei a fazer uma busca. Não levei muito tempo para encontrar o único site oficial de ho'oponopono. Dei uma olhada nele e vi alguns artigos que me ofereceram uma rápida visão geral daquilo com o que eu estava prestes a me envolver.

Encontrei uma definição de ho'oponopono: "Ho'oponopono é um processo de nos desfazermos das energias tóxicas que existem dentro de nós para possibilitar o impacto de pensamentos, palavras, realizações e ações **Divinos**."

Eu não tinha a menor ideia do que isso significava, de modo que procurei outras coisas. Encontrei o seguinte:

"Em poucas palavras, ho'oponopono significa 'reparar' ou 'corrigir um erro'. De acordo com os antigos havaianos, o erro nasce de pensamentos contaminados por memórias dolorosas do passado. Ho'oponopono oferece uma maneira de liberar a energia desses pensamentos dolorosos, ou erros, que podem causar o desequilíbrio e a doença."

Interessante, sem dúvida, mas o que significava?

Enquanto eu explorava o site em busca de informações sobre o misterioso psicólogo que curava as pessoas sem vê-las, descobri que existe uma forma atualizada de ho'oponopono chamada de Identidade Própria por meio do Ho'oponopono (SITH).*

Não fiz de conta que eu sabia o que tudo aquilo significava. Mark também não. Éramos companheiros de exploração. O nosso laptop era o cavalo que montávamos em direção a essa região

---

* Sigla do nome em inglês, Self I-Dentity Through Ho'oponopono. (N. da T.)

inexplorada. Estávamos em busca de respostas, de modo que continuamos avidamente a digitar.

Encontramos um artigo que ajudou a explicar algumas coisas:

A Identidade Própria por meio do Ho'oponopono
Ser 100% responsável pelos problemas
dos meus clientes
Ihaleakala Hew Len, PhD, e Charles Brown, LMT

Nas abordagens tradicionais à solução de problemas e à cura, o terapeuta começa com a convicção de que a origem do problema está dentro do cliente, e não dentro dele, terapeuta. Este acredita que é sua responsabilidade ajudar o cliente a lidar com o problema dele. Poderiam essas convicções ter resultado em um esgotamento sistemático em todo o grupo de profissionais ligados à cura?

Para resolver os problemas com eficácia, *o terapeuta precisa estar disposto a ser 100% responsável por ter criado a situação problemática, ou seja, ele tem que estar disposto a enxergar que a origem do problema são os pensamentos incorrectos que existem dentro dele, e não dentro do cliente. Os terapeutas não parecem perceber que eles estão sempre presentes todas as vezes que há um problema!*

Ser 100% responsável pela materialização do problema possibilita que o terapeuta seja 100% responsável por resolvê-lo. Ao usar a abordagem atualizada do ho'oponopono, um processo de arrependimento, perdão e transmutação desenvolvido por Kahuna Lapa'au Morrnah Nalamaku Simeona, um terapeuta é capaz de transmutar os pensamentos incorretos dentro de si mesmo e dentro do cliente em pensamentos perfeitos de AMOR.

Os seus olhos estão cheios de lágrimas. Sulcos profundos envolvem os cantos da sua boca. "Estou preocupada com o meu filho", declara Cynthia, suspirando suavemente. "Ele voltou a usar drogas." Enquanto ela conta a sua dolorosa história, *começo a fazer uma limpeza nos pensamentos incorretos dentro de mim que se concretizaram como o problema dela.*

À medida que os pensamentos incorretos são substituídos por pensamentos amorosos no terapeuta e na família, parentes e ancestrais deles, eles também são substituídos no cliente, na sua família, nos seus parentes e nos seus ancestrais. O processo atualizado de ho'oponopono possibilita que o terapeuta trabalhe diretamente com o Manancial que é capaz de transmutar pensamentos incorretos em AMOR.

> Os seus olhos secam. Os sulcos ao redor da sua boca
> se suavizam. Ela sorri, e o alívio começa a despontar
> em todo o seu rosto. "Não sei por quê, mas estou me sentindo
> melhor." Também não sei por quê. Mesmo. A vida só não
> é um mistério para o AMOR, que tudo sabe. Eu simplesmente
> deixo as coisas como estão neste ponto e agradeço ao AMOR,
> de onde emanam todas as bênçãos.

Ao usar o processo atualizado de ho'oponopono na resolução de problemas, o terapeuta primeiro pega a sua Identidade, a sua Mente, conectando-a ao Manancial, que outros chamam de AMOR ou DEUS. Quando a conexão se estabelece, o terapeuta pede então ao AMOR que corrija os pensamentos incorretos dentro dele que estão materializando os problemas primeiro para ele e, depois, para o cliente. O apelo é um processo de arrependimento e perdão da parte do terapeuta – "Eu me arrependo de ter alimentado os pensamentos incorretos que causaram o problema para mim e para o cliente; por favor perdoe-me."

Em resposta ao apelo de arrependimento e de perdão do terapeuta, o AMOR inicia o processo místico de transmutar os pensamentos incorretos. Nesse processo de correção espiritual, o AMOR inicialmente neutraliza as emoções incorretas que causaram o problema, sejam elas o ressentimento, o medo, a raiva, a culpa ou a confusão. No passo seguinte, o AMOR libera então as energias neutralizadas dos pensamentos, deixando-as em um estado de vácuo, de vazio, de verdadeira liberdade.

Como os pensamentos então vazios, livres, o AMOR os preenche com Ele mesmo. O resultado? O terapeuta se renova, se revigora no

AMOR. Quando o terapeuta se renova, o mesmo acontece com o cliente e com todas as pessoas envolvidas no problema. Onde antes havia desespero no cliente, agora existe AMOR. Onde antes havia escuridão na sua alma, agora existe a luz de cura do AMOR.

A Identidade Própria por meio do treinamento do Ho'oponopono ensina às pessoas quem elas são e como podem resolver problemas de momento a momento, sendo nesse ínterim renovadas e restauradas no AMOR. O treinamento começa com uma palestra gratuita de duas horas. É apresentada aos participantes uma visão geral de como os pensamentos dentro deles se materializam na sua vida e na vida da sua família, parentes, ancestrais, amigos, vizinhos e parceiros comerciais como problemas espirituais, mentais, emocionais, físicos, relacionais e financeiros. No treinamento do fim de semana, os alunos aprendem o que é um problema, onde os problemas estão localizados, como resolver diferentes tipos de problemas utilizando mais de 25 processos de resolução de problemas e como realmente cuidar bem de si mesmos. A ênfase subjacente no treinamento é que as pessoas sejam totalmente responsáveis por si mesmas, pelo que acontece na sua vida e por resolver os problemas sem esforço.

O incrível a respeito do processo atualizado de ho'oponopono é que você passa a se conhecer de novo a cada momento, bem como a valorizar cada vez mais o milagre renovador do AMOR a cada aplicação.

> **Conduzo a minha vida e os meus relacionamentos de acordo com as seguintes constatações:**
>
> 1. O universo físico é uma manifestação dos meus pensamentos.
> 2. Se os meus pensamentos são destrutivos, eles criam uma realidade física destrutiva.
> 3. Se os meus pensamentos são perfeitos, eles criam uma realidade física repleta de AMOR.
> 4. Sou 100% responsável por criar o meu universo físico do jeito como ele é.

5. Sou 100% responsável por corrigir os pensamentos destrutivos que criam uma realidade enferma.
6. Não há o lá fora. Tudo existe como pensamentos na minha mente.

Mark e eu lemos o artigo e nos perguntamos qual seria o terapeuta que estávamos procurando: Charles Brown ou esse dr. Hew Len. Não sabíamos. Não tínhamos como saber. E quem era essa tal de Morrnah que o artigo mencionava? E o que era o Ho-ohsei-lá-o-quê da Identidade Própria?

Continuamos a ler.

Encontramos mais alguns artigos que lançaram luz sobre o que estávamos buscando. Eles continham declarações reveladoras, como: "A Identidade Própria por meio do Ho'oponopono não encara os problemas como uma provação e sim como oportunidades. Os problemas são apenas memórias do passado que se repetem e aparecem para nos conceder mais uma chance de enxergar com os olhos do AMOR e agir a partir da inspiração."

Eu estava curioso, mas não estava entendendo. Os problemas eram "memórias do passado que se repetem"? Ahn? O que esses autores estavam tentando explicar? De que maneira esse ho-sei-lá-o-quê ajudava o terapeuta que curava as pessoas? Afinal de contas, quem era esse terapeuta?

Encontrei ainda mais um artigo, este de autoria de um repórter chamado Darrell Sifford, que escreveu a respeito de um encontro que teve com a criadora desse processo ho'opo-sei-lá-o-quê. O nome dela é Morrnah e ela é uma kahuna, ou guardiã dos segredos. O que essa Morrnah faz para ajudar a curar as pessoas é "fazer um apelo ao criador divino da nossa escolha 'por intermédio da divindade situada dentro de cada pessoa... que é na verdade uma extensão do divino criador'".

Talvez você tenha compreendido isso. Eu não entendi na ocasião. E Mark tampouco. Aparentemente, essa tal de Morrnah pronunciava algumas palavras, como uma prece, que ajudavam as pessoas a ficar curadas. Registrei mentalmente que eu iria localizar essa prece, mas naquele momento eu estava seguindo uma direção diferente: encontrar o terapeuta e aprender o seu método de cura. A minha enorme vontade de saber mais e de conhecer esse terapeuta xamã se tornava cada vez mais estimulante. Embora Mark e eu realmente precisássemos voltar ao nosso estande na convenção, nos demoramos mais um pouco para poder continuar com a busca.

Baseados nos artigos e no site, tivemos o palpite de que o terapeuta que queríamos encontrar se chamava Ihaleakala Hew Len. Que primeiro nome! Eu não tinha a menor ideia de como deveria pronunciá-lo, e muito menos soletrá-lo. Tampouco sabia como entrar em contato com ele. O site não oferecia nenhuma informação de contato em relação a ele. Mark e eu tentamos encontrá-lo por meio do Google, mas não obtivemos nenhuma ocorrência. Começamos a nos perguntar se esse terapeuta etéreo seria uma obra de ficção, se estaria aposentado ou mesmo morto.

Fechei o meu laptop e voltei para a convenção.

Mas a aventura havia começado.

Encontrando o terapeuta mais inusitado do mundo

Quem olha do lado de fora sonha;
quem olha do lado de dentro desperta.
— CARL JUNG

Ao voltar para a minha casa nas cercanias de Austin, Texas, não consegui esquecer a história do terapeuta que curava as pessoas sem vê-las. Qual era o método dele? Quem era ele? Será que a história era uma farsa?

Como atuo há mais de vinte anos na área do desenvolvimento pessoal, a maior parte dos quais está registrada nos meus livros *Adventures Within* e *The Attractor Factor*, o fato de que eu precisava saber mais não deveria ser surpresa para ninguém. Sempre fui uma pessoa curiosa. Passei sete anos com um controverso guru. Entrevistei mentores e sábios de autoajuda, autores e oradores, místicos e magos da mente. Devido ao sucesso dos meus livros atuais, eu poderia agora chamar de meus amigos vários dos principais especialistas na área do desenvolvimento humano. Mas eu não conseguia me livrar da história do terapeuta. Ela era diferente. Era um grande avanço.

Eu precisava saber mais.

Assim, empreendi a minha busca. No passado, contratei detetives particulares para encontrar pessoas desaparecidas. Eu o fiz quando escrevi a respeito de Bruce Barton, o gênio da propaganda, no meu livro *The Seven Lost Secrets of Success*. Eu também estava pronto para contratar um profissional para encontrar o dr. Hew Len, quando uma coisa estranha aconteceu.

Certo dia, enquanto procurava novamente o dr. Hew Len na internet, descobri o nome dele associado a um site. Não tenho a menor ideia do motivo pelo qual esse resultado não tinha aparecido em buscas anteriores, mas ali estava ele.

Não consegui encontrar um número de telefone, mas eu poderia marcar uma consulta pessoal por e-mail com o dr. Hew Len. Pareceu-me uma maneira esquisita de fazer terapia, mas, nestes tempos de internet, qualquer coisa é válida. Imaginando que essa seria a melhor maneira de me aproximar dele, enviei-lhe um e-mail por intermédio do site. Eu estava indescritivelmente animado. Mal conseguia esperar pela resposta do dr. Hew Len. O que será que ele iria dizer? Será que iria escrever alguma coisa esclarecedora? Será que ele iria me curar por e-mail?

Mal consegui dormir naquela noite, de tão ansioso que eu estava para ler o que ele iria dizer. Na manhã seguinte, recebi dele o seguinte e-mail:

Joe

Obrigado por solicitar uma consulta. As consultas são em geral feitas pela internet ou por fax. A pessoa que deseja se consultar me fornece informações sobre a natureza da consulta, ou seja, descreve um problema, uma preocupação. Eu processo as informações e medito a respeito delas em busca de instruções Divinas. Em seguida, transmito à pessoa, por e-mail, o que recebi na meditação.

Enquanto eu estava fora almoçando hoje, certo cliente meu, um advogado do Havaí, enviou-me informações por fax, pedindo que eu as examinasse. Depois de processá-las, transmitirei a ele o que eu recebi da Divindade durante a meditação.

Informações a respeito da natureza do meu trabalho podem ser obtidas em www.hooponopono.org.

Sinta-se à vontade para entrar em contato comigo para ver o que funcionará para você.

Eu lhe desejo Paz além de todo o entendimento.

Paz do Eu,

Ihaleakala Hew Len, PhD

Foi um e-mail estranho. Ele conversa com a Divindade? Advogados o contratam? Eu ainda não sabia o bastante para poder julgar o dr. Hew Len ou seus métodos, mas eu certamente queria saber mais.

Decidi na mesma hora contratar uma consulta por e-mail. Iria custar 150 dólares, mas isso não significava nada para mim, porque finalmente eu estava entrando em contato com o psicólogo que fazia milagres que eu procurara durante tanto tempo.

Pensei um pouco a respeito do que eu deveria perguntar a ele. Estou tendo bastante êxito na vida. Tenho os livros, o sucesso, os carros, as casas, uma parceira permanente, a saúde e a felicidade que quase todo mundo procura. Eu emagrecera 36 quilos e estava me sentindo ótimo, mas eu ainda tinha que perder mais ou menos 7 quilos. Como eu ainda estava enfrentando problemas de peso, decidi me consultar com o dr. Hew Len a respeito disso. Ele respondeu em 24 horas, enviando-me o seguinte e-mail:

Obrigado, Joe, pela sua resposta.

Quando olhei, eu ouvi: "Ele está bem."

Converse com o seu corpo. Diga para ele: "Eu o amo do jeito que você é. Obrigado por estar comigo. Se você sente que eu abusei de você de alguma maneira, por favor perdoe-me." Agora pare e depois, ao longo do dia, bata um papo com o seu corpo. Diga palavras de amor e gratidão. "Obrigado por me conduzir de um lado para o outro. Obrigado por respirar, por fazer o nosso coração bater."

Encare o seu corpo como um parceiro na sua vida e não como um criado. Converse com ele como você o faria com uma criança. Seja amigo dele. Ele gosta de uma grande quantidade de água para trabalhar melhor com ele mesmo. Você pode achar que está com fome, mas na verdade o seu corpo pode estar lhe dizendo que está com sede.

Beber Água Solar Azul transmuta as memórias, reencenando os problemas na mente subconsciente (a Criança), e ajuda o corpo a "Relaxar e deixar Deus entrar". Pegue uma garrafa de vidro azul. Encha-a com água da torneira. Feche-a com uma rolha ou envolva o bocal com celofane. Coloque a garrafa no sol ou debaixo de uma lâmpada incandescente durante pelo menos uma hora. Beba a água; enxágue o corpo com a água depois do banho. Use a Água Solar Azul quando cozinhar, lavar a roupa e fizer qualquer coisa que utilize água. Você pode fazer o seu café ou chocolate quente com Água Solar Azul.

O seu e-mail transpira elegância e simplicidade, o que é um dom incomparável.

Talvez possamos conversar novamente como companheiros de viagem que estamos abrindo o caminho para casa.

Eu lhe desejo Paz além de todo o entendimento.

Paz do Eu,

Ihaleakala

Embora a tranquilidade da mensagem me agradasse, continuei a querer mais. Era assim que ele dava consultas? Foi assim que curou aquelas pessoas no hospital psiquiátrico? Se era esse o caso, alguma coisa estava criticamente ausente. Duvido que a maioria das pessoas tivesse aceitado esse e-mail como o veredicto final a respeito de um problema de perda de peso. Dizer para mim: "Você está bem" não é exatamente uma solução para nada.

Escrevi novamente para o dr. Hew Len pedindo mais informações. Eis o que ele respondeu:

Joe:

A paz começa comigo.

Os meus problemas são memórias que se repetem no meu subconsciente. Os meus problemas não têm nada a ver com uma pessoa, lugar ou situação. Eles são o que Shakespeare poeticamente assinalou em um dos seus sonetos como "antigas aflições renovadas".

Quando vivencio problemas de memórias reencenadas, tenho uma escolha. Posso permanecer envolvido com elas ou posso pedir à Divindade que as liberte por meio da transmutação, devolvendo assim a minha mente ao seu estado original de vazio... de ser livre de memórias. Quando estou livre de memórias, sou o meu Eu Divino como a Divindade me criou à sua exata semelhança.

Quando o meu subconsciente se encontra no estado zero, ele é intemporal, ilimitado, infinito, imortal. Quando as memórias dominam, ele fica retido no tempo, no lugar, nos problemas, na incerteza, no caos e no pensamento, além de preocupado em enfrentar e administrar as dificuldades. Ao permitir que as memórias assumam o controle, renuncio tanto à clareza mental quanto à minha harmonia com a Divindade. Sem Harmonia, não há inspiração. Sem Inspiração, não existe Propósito.

Quando trabalho com as pessoas, sempre peço à Divindade que transmute as memórias do meu subconsciente que são reencenadas como as percepções, os pensamentos e as reações que tenho a respeito delas. A partir do estado zero, a Divindade permeia então a minha mente subconsciente e a consciente de Inspirações, possibilitando que a minha Alma experimente as pessoas como a Divindade as vivencia.

Quando trabalho com a Divindade, as memórias transmutadas no meu subconsciente são transmutadas no subconsciente de todas as mentes, não apenas no das pessoas mas também no subconsciente dos reinos mineral, animal e vegetal, bem como no de todas as formas de existência visíveis e invisíveis. Como é maravilho constatar que a Paz e a Liberdade começam comigo.

Paz do Eu,

Ihaleakala

Bem, mesmo assim não entendi. Decidi então perguntar se eu poderia trabalhar com ele, escrever um livro a respeito do que ele faz. Pareceu-me uma maneira lógica de levá-lo a revelar o segredo do seu método e obter informações sobre os anos que ele passou trabalhando no hospital psiquiátrico. Eu disse que o que faríamos ajudaria outras pessoas. Acrescentei que eu faria quase todo o trabalho. Enviei então um e-mail para ele e aguardei. Ele respondeu, dizendo:

> Joe:
>
> "A paz começa comigo."
>
> A humanidade acumulou memórias que viciam e nas quais os outros são percebidos como necessitando de ajuda e assistência. A Identidade Própria por meio do Ho'oponopono consiste em liberar as memórias dentro do nosso subconsciente que dizem que os problemas estão "lá fora" e não do lado de dentro.
>
> Todos chegamos aqui com as nossas "antigas aflições renovadas" já prontas. As memórias dos problemas não têm nada a ver com pessoas, lugares ou situações. São oportunidades para que fiquemos livres.
>
> O propósito completo da SITH é restaurar a Identidade Própria da pessoa, o seu ritmo natural com a Inteligência Divina. Ao restabelecer esse ritmo original, o zero se abre e a Alma é então permeada de Inspirações.
>
> Historicamente, as pessoas que participam da SITH têm vontade de compartilhar as informações com outras pessoas a fim de ajudá-las. É muito difícil sair do modo "Eu posso ajudar os outros". "Explicar" a SITH para as pessoas, de modo geral, não nos livra das memórias dos problemas, mas fazer a SITH nos liberta delas.
>
> Se estivermos dispostos a limpar as nossas "antigas aflições renovadas", ficaremos bem e tudo o mais também ficará. Por conseguinte, desencorajamos as pessoas de compartilhar a SITH com outras; em vez disso, nós as encorajamos a abandonar as coisas que têm das outras pessoas, libertando a si mesmas em primeiro lugar e, em seguida, todas as outras.
>
> "A paz começa comigo."
> POI,
>
> Ihaleakala

Bem, eu *continuava* sem entender.

Escrevi uma vez mais, perguntando se poderia falar com ele por telefone. Disse que queria entrevistá-lo. Novamente, ele concordou. Marcamos uma hora para conversar daí a poucos dias, na sexta-feira seguinte. Eu estava tão entusiasmado que escrevi para o meu amigo Mark Ryan e contei a ele a novidade, que eu finalmente ia falar com o misterioso xamã havaiano que ele mencionara anos antes. Ele também ficou animado.

Ambos estávamos curiosos em relação ao que iríamos descobrir. Pouco sabíamos a respeito do que iríamos vivenciar.

A nossa primeira conversa

*Todos os homens consideram os limites do
seu campo de visão como os limites do mundo.*

– Arthur Schopenhauer

Finalmente falei pela primeira vez com o dr. Hew Len em 21 de outubro de 2005.

O seu nome completo é dr. Ihaleakala Hew Len, mas ele me pediu que o chamasse de "E". Isso mesmo, como a letra do alfabeto. OK. Isso eu consigo fazer. "E" e eu provavelmente passamos uma hora conversando no nosso primeiro telefonema. Pedi a ele que me contasse toda a história do seu trabalho como terapeuta.

Ele explicou que trabalhou no Hawaii State Hospital durante três anos. A ala onde ficavam os criminosos dementes era perigosa. Psicólogos iam embora todos os meses. A equipe faltava muito por motivo de doença ou simplesmente pedia demissão. As pessoas atravessavam a ala de costas para a parede, com medo de serem atacadas pelos pacientes. Não era um lugar agradável de viver, trabalhar ou visitar.

O dr. Hew Len ou "E" me disse que nunca esteve profissionalmente com os pacientes. Nunca deu consultas. Ele concordou em examinar as fichas deles. Enquanto analisava as fichas, ele trabalhava em si mesmo, e à medida que fazia isso, os pacientes começaram a ficar curados.

A história ficou ainda mais fascinante quando tomei conhecimento do seguinte:

"Passados alguns meses, pacientes que tinham estado algemados estavam tendo permissão para andar livremente", me disse ele. "Outros que estavam tomando forte medicação estavam recebendo doses menores dos remédios. E os que tinham sido considerados como não tendo a menor chance de um dia ir embora estavam sendo liberados."

Eu estava aturdido.

"Além disso", prosseguiu ele, "a equipe passou a gostar de ir trabalhar. O absenteísmo e a rotatividade desapareceram. Acabamos ficando com mais gente do que precisávamos, porque os pacientes estavam tendo alta e todos os membros da equipe estavam indo trabalhar diariamente. Hoje, aquela ala está fechada."

Foi nesse ponto que eu tive que fazer a pergunta de um milhão de dólares:

"O que você estava fazendo em si mesmo que causou a mudança naquelas pessoas?"

"Eu estava simplesmente purificando a parte de mim que eu compartilhava com eles", respondeu ele.

Ahn?

Eu não estava entendendo.

O dr. Hew Len explicou que a total responsabilidade pela nossa vida significa que *tudo* na nossa vida – pelo simples fato de *estar na nossa vida* – é nossa responsabilidade. Em um sentido literal, o mundo inteiro é nossa criação.

Uau. Isso é difícil de engolir. Ser responsável pelo que eu digo ou faço é uma coisa. Ser responsável pelo que *todo mundo* na minha vida diz ou faz é outra bem diferente.

No entanto, a verdade é o seguinte: se você assumir uma completa responsabilidade pela sua vida, tudo que você vir, ouvir, provar, tocar ou de alguma maneira experimentar *é* sua responsabilidade porque *está na sua vida*.

Isso significa que cabe a você curar os terroristas, o presidente, a economia – enfim, tudo que você experimenta e não gosta. Eles só existem, por assim dizer, como projeções que vêm de dentro de você.

O problema não é com eles e sim com você.

E para mudá-los, você precisa mudar a si mesmo.

Eu sei que isso é difícil de entender, que dirá aceitar ou efetivamente viver a ideia. A culpa é bem mais fácil do que total responsabilidade. Mas enquanto eu falava com o dr. Hew Len, comecei e compreender que a cura para ele e no ho'oponopono significa amar a si mesmo. Se você quer melhorar a sua vida, você precisa curar a sua vida. Se quer curar uma pessoa – até mesmo um criminoso que sofre de uma doença mental –, você o faz curando a si mesmo.

Perguntei ao dr. Hew Len como ele curava a si mesmo. O que ele fez, exatamente, quando examinou a ficha daqueles pacientes.

"Eu apenas fiquei repetindo sem parar 'Sinto muito' e 'Eu te amo'", explicou ele.

Só isso?

Só isso.

Acontece que amar a si mesmo é a melhor maneira de você se aprimorar. E à medida que se aprimora, você melhora o seu mundo.

Enquanto o dr. Hew Len, ou "E," trabalhava no hospital, ele entregava para a Divindade qualquer coisa que aparecesse nele, e pedia para que ela fosse liberada. Ele sempre confiava, e sempre funcionava. O dr. Hew Len perguntava a si mesmo: "O que está acontecendo em mim para que eu cause esse problema, e como posso corrigir esse problema em mim?"

Aparentemente, esse método de curar de dentro para fora é o que é chamado de Ho'oponopono da Identidade Própria. Parece haver uma versão mais antiga do ho'oponopono que era fortemente influenciada pelos missionários do Havaí. Envolvia um facilitador que ajudava as pessoas a curar os problemas conversando com elas. Quando conseguiam cortar os laços de um problema, este desaparecia. Mas o Ho'oponopono da Identidade Própria não precisava de um facilitador. Tudo é feito dentro de nós mesmos. Eu estava curioso e sabia que, com o tempo, iria entender melhor o que ele estava dizendo.

O dr. Hew Len ainda não tem nenhum material sobre o seu processo. Ofereci-me para ajudá-lo a escrever um livro, mas ele não pareceu interessado. Existe disponível um antigo vídeo, o qual eu encomendei. Ele também me disse para ler *The User Illusion*, de Tor Norretranders. Como sou viciado em livros, imediatamente entrei na internet e encomendei o livro na Amazon. Quando chegou, eu o devorei.

O livro argumenta que a nossa mente consciente não tem a menor ideia do que está acontecendo. Norretranders escreve que "o fato é que, a cada segundo, milhões de informações invadem os nosso sentidos. No entanto, a nossa consciência processa apenas talvez quarenta informações por segundo – no máximo. Milhões e milhões de informações são condensadas em uma experiência consciente que não contém praticamente nenhuma informação".

De acordo com o que entendi o dr. Hew Len dizer, como não temos uma verdadeira consciência do que está acontecendo em qualquer momento considerado, tudo o que podemos fazer é nos resignar e confiar. Tudo consiste em ter 100% de responsabilidade por tudo na nossa vida: absolutamente tudo. Ele diz que o seu trabalho envolve a purificação de si mesmo. Só isso. Enquanto ele se purifica, o mesmo acontece com o mundo, porque ele é o mundo. Tudo fora dele é uma projeção e uma ilusão.

Embora parte disso tenha soado como psicologia junguiana, no sentido de que as coisas externas que vemos são o lado da sombra da nossa própria vida, o que o dr. Hew Len parecia descrever estava além de tudo isso. Ele parecia reconhecer que tudo é um reflexo de nós mesmos, mas também estava dizendo que é nossa responsabilidade corrigir tudo que vivenciamos, a partir do nosso interior conectando-nos ao Divino. Para ele, a única maneira de corrigir qualquer coisa externa é dizendo "Eu te amo" para o Divino, o que poderia ser descrito como Deus, Vida, o Universo ou quaisquer outros termos para esse poder superior coletivo.

Ufa. Essa foi uma conversa e tanto. O dr. Hew Len não tinha a menor ideia de quem eu era, mas estava me concedendo uma grande parte do seu tempo. Ele também estava me deixando confuso.

O dr. Hew Len tem quase setenta anos de idade e é provavelmente um guru para alguns e uma pessoa excêntrica para outros.

Fiquei emocionado por ter conversado com o dr. Hew Len pela primeira vez, mas eu queria saber mais. Eu claramente não estava entendendo o que ele estava me dizendo, e seria muito fácil resistir a ele ou descartá-lo. Entretanto, o que estava me obcecando era a história de ele usar esse novo método para curar supostos casos irrecuperáveis, como o dos criminosos que sofriam de doenças mentais.

Eu sabia que o dr. Hew Len iria apresentar um seminário em um futuro próximo, de modo que fiz perguntas a respeito do evento.

"O que vou colher do seminário?"

"Você vai colher o que você colher", respondeu ele.

Bem, aquilo me pareceu como o antigo treinamento *est* da década de 1970: você colhe o que estava destinado a colher.

"Quando pessoas estarão no seminário?", perguntei.

"Estou sempre fazendo uma limpeza, de modo que somente as pessoas que estão prontas para estar lá estarão presentes", disse ele. "Talvez 30, ou 50, nunca se sabe."

Antes de encerrarmos o telefonema, perguntei a "E" o que significava a assinatura nos seus e-mails.

"POI significa Paz do Eu"*, explicou ele. "É a paz que supera todo o entendimento."

Não entendi o que ele quis dizer na ocasião, mas hoje faz todo o sentido.

---

* "Peace of I" no original. (N. da T.)

A chocante verdade a respeito das intenções

A nossa vida subjetiva interior é o que realmente importa para nós enquanto seres humanos. No entanto, sabemos e entendemos relativamente pouco a respeito de como ela surge e como funciona na nossa vontade consciente de agir.
– BENJAMIN LIBET, *Mind Time*

Depois daquela primeira conversa por telefone com o dr. Hew Len, eu estava ansioso para obter outras informações. Fiz perguntas a ele sobre o seminário que ele iria apresentar algumas semanas depois. Ele não tentou me convencer a participar. Disse que estava constantemente fazendo uma limpeza, de modo que somente as pessoas certas compareciam ao seminário. Ele tinha certeza de que a Divindade – a palavra preferida dele para o poder maior do que todos nós, mas que é todos nós – tomaria as providências adequadas para que tudo saísse da maneira correta.

Perguntei ao meu amigo Mark Ryan, o homem que mencionou o dr. Hew Len para mim pela primeira vez, se ele gostaria de ir comigo. Ofereci-me para pagar a parte dele, como um presente por ele ter falado comigo a respeito desse milagre e do fazedor de milagres. É claro que Mark aceitou.

Pesquisei um pouco mais antes da viagem. Perguntei aos meus botões se o método desse terapeuta teria alguma coisa a ver com *huna*, um método de cura popular do Havaí. Enquanto lia, descobri que eles não estavam nem um pouco relacionados. *Huna* é o nome que Max Freedom Long, o empreendedor que virou autor, deu à sua versão do espiritualismo havaiano. Ele afirmou ter aprendido uma tradição secreta com amigos havaianos quando trabalhou como professor no Havaí. Ele fundou a Huna Fellowship em 1945 e depois publicou uma série de livros, sendo que um dos mais populares é *The Secret Science Behind Miracles*. Embora fascinante, o trabalho de Long não tinha nada a ver com o terapeuta que eu estava investigando. Eu estava começando a descobrir que o terapeuta praticava um método do qual Long nunca ouvira falar, pelo menos não da maneira como o dr. Hew Len o praticava.

À medida que continuei a ler e a aprender, a minha curiosidade aumentou. Eu mal podia esperar pelo dia do voo que me levaria ao encontro do agente de cura.

Voei para Los Angeles, encontrei-me com Mark e fui para Calabasa, na Califórnia. Mark levou-me para um passeio em Los Angeles antes de partirmos, e nos divertimos bastante. No entanto, ambos queríamos conhecer o homem a respeito de quem tanto tínhamos ouvido falar. Embora Mark e eu tivéssemos tido uma conversa profunda e estimulante durante o café da manhã, o que nós dois realmente desejávamos era que o seminário começasse logo.

Quando chegamos à sala do evento, deparamos com uma fila de cerca de trinta pessoas. Fiquei tentando ficar na ponta do pé o tempo todo para poder enxergar por cima da cabeça das pessoas. Eu queria ver o agente de cura. Eu queria ver o homem misterioso. Eu queria ver o dr. Hew Len. Quando finalmente cheguei à porta, fui recebido por ele.

"Aloha, Joseph", disse o dr. Hew Len, estendendo a mão. A voz dele era suave, mas ele tinha carisma e autoridade. Vestia uma calça cáqui, tênis, a camisa aberta no colarinho e paletó. Tinha na cabeça um boné de beisebol, o qual, mais tarde, vim a saber que era a sua marca registrada.

"Aloha, Mark", disse ele para o meu amigo.

Batemos um papo descontraído quando ele fez perguntas a respeito do nosso voo, do tempo que eu levara para ir do Texas a Los Angeles, e assim por diante. Adorei o homem instantaneamente.

Algo a respeito da sua segurança e do seu jeito de avô fez com que eu me identificasse com ele.

O dr. Hew Len gosta de começar na hora. Assim que o evento teve início, ele me chamou.

"Joseph, quando você deleta alguma coisa do seu computador, para onde ela vai?"

"Não tenho a menor ideia", respondi. Todo mundo riu. Estou certo de que ninguém tampouco sabia.

"Quando vocês apagam uma coisa do seu computador, para onde ela vai?", perguntou ele à audiência.

"Para a lixeira", gritou alguém.

"Exatamente", disse o dr. Hew Len. "Ela continua no computador, só que não podemos vê-la. As suas memórias são assim. Continuam em vocês, só que invisíveis. O que vocês precisam fazer é apagá-las completa e permanentemente."

Achei isso fascinante, mas não tinha a menor ideia do que significava ou do rumo que a coisa estava tomando. Por que eu iria querer que as minhas memórias fossem permanentemente apagadas?

"Vocês têm duas maneiras de viver a vida", explicou o dr. Hew Len. "A partir da memória ou da inspiração. As memórias são antigos programas que voltam a ser executados; a inspiração é o Divino transmitindo-lhes uma mensagem. Vocês precisam viver a partir da inspiração. A única maneira de ouvir o Divino e receber inspiração é limpar todas as memórias. A única coisa que vocês precisam fazer é uma limpeza."

O dr. Hew Len passou bastante tempo explicando como o Divino é o nosso estado zero – é onde temos limite zero. Não há memórias. Não existe identidade. Nada além do Divino. Na nossa vida, temos momentos em que visitamos o estado de limite zero, mas na maior parte do tempo o que está se manifestando é lixo – o que ele chama de memórias.

"Quando eu trabalhava no hospital psiquiátrico e examinava as fichas dos pacientes", disse ele, "eu sentia dor dentro de mim. Era uma memória compartilhada. Era um programa que fazia com que os pacientes agissem como agiam. Eles não tinham controle.

Estavam presos em um programa. Enquanto eu sentia o programa, eu ia fazendo a limpeza."

A purificação, ou limpeza, tornou-se um tema recorrente. Ele nos ensinou várias maneiras de nos purificarmos, e não posso explicar aqui a maioria delas porque são confidenciais. Você precisa participar de um seminário de ho'oponopono para aprendê-las (visite www.hooponopono.org). Mas há um método de purificação que o dr. Hew Len usou mais, e ainda usa, que é o que usarei hoje:

Existem simplesmente quatro declarações que dizemos repetidamente, sem parar, dirigindo-as ao Divino.

"Eu te amo."

"Sinto muito."

"Por favor, me perdoa."

"Obrigado."

Enquanto participávamos daquele primeiro evento de fim de semana, a frase "Eu te amo" tornou-se parte do tagarelar da minha mente. Assim como às vezes acordamos com uma música tocando na cabeça, eu acordava ouvindo "eu te amo" na cabeça. Quer eu pronunciasse ou não conscientemente a frase, ela estava presente. Era um sentimento maravilhoso. Eu não sabia como a frase poderia estar purificando alguma coisa, mas eu a repetia de qualquer maneira. Como "eu te amo" poderia ser de algum modo nocivo?

Em determinado momento do evento, o dr. Hew Len voltou a se dirigir a mim. Ele perguntou: "Joseph, como você sabe dizer se uma coisa é uma memória ou uma inspiração?"

Eu não entendi a pergunta e disse isso a ele.

"Como você sabe se uma pessoa que contraiu câncer transmitiu a doença para si mesma ou se ela lhe foi transmitida pelo Divino como um desafio destinado a ajudá-la?"

Fiquei em silêncio por um instante, enquanto tentava assimilar a pergunta. Como você sabe quando um evento é proveniente da sua mente ou da mente do Divino?

"Não tenho a menor ideia", repliquei.

"Nem eu", declarou o dr. Hew Len. "E é por esse motivo que precisamos fazer uma limpeza constante. Precisamos purificar tudo, já que não temos nenhuma ideia do que é uma memória e do que é inspiração. Fazemos a limpeza para chegar a um lugar de limite zero, que é o estado zero."

O dr. Hew Len afirma que a nossa mente tem uma visão minúscula do mundo, e essa visão não apenas é incompleta como também incorreta. Só acreditei nesse conceito quando tive nas mãos o livro *The Wayward Mind*, de Guy Claxton.

Nele, Claxton escreve a respeito de experiências que provam que o nosso cérebro nos diz o que fazer *antes* de nós conscientemente decidirmos fazê-lo. Em uma famosa experiência, um neurocientista chamado Benjamin Libet ligou pessoas a um eletroencefalógrafo, o aparelho que faz o registro do eletroencefalograma (EEG), que mostrou o que estava acontecendo no cérebro dessas pessoas. O aparelho revelou que um surto de atividade cerebral ocorria *antes* que a pessoa tivesse a intenção consciente de fazer alguma coisa, indicando que a intenção tinha origem no inconsciente e *depois* penetrava na percepção consciente.

Claxton escreve que Libet "descobriu que a intenção de se mover aparecia cerca de um quinto de segundo antes de o movimento começar, mas que um surto de atividade no cérebro tinha lugar mais ou menos um terço de segundo antes da intenção!".

Segundo William Irvine, no livro *On Desire: Why We Want What We Want*, "Experiências como essas sugerem que as nossas escolhas não são formadas de uma maneira consciente e racional. Ao contrário, elas se formam na mente inconsciente e vão aumentando de intensidade, e quando finalmente chegam à superfície nós passamos a controlá-las".

E o próprio Benjamin Libet, o homem que realizou as experiências polêmicas e reveladoras, escreveu o seguinte no livro *Mind Time:* "O surgimento inconsciente da intenção de agir não poderia ser controlado conscientemente. Somente a sua consumação final em um ato motor poderia ser conscientemente controlada."

Em outras palavras, o impulso de escolher este livro pode dar a impressão de ter tido origem na sua escolha consciente, mas na realidade o seu cérebro primeiro enviou um sinal para que você o escolhesse e *depois* a sua mente consciente seguiu o sinal com uma intenção declarada, algo como: "Este livro parece interessante. Acho que vou ficar com ele." Você poderia ter escolhido não ficar com o livro, algo que você teria racionalizado de alguma outra maneira, mas você não poderia controlar a origem do sinal propriamente dito que o estava encorajando a agir.

Sei que é difícil acreditar nisso. De acordo com Claxton: "Nenhuma intenção jamais se origina na consciência; nenhum plano jamais é preparado ali. As intenções são premonições; símbolos que lampejam nos cantos da consciência para indicar o que talvez esteja prestes a ocorrer."

Aparentemente, uma intenção clara nada mais é do que uma premonição clara.

O que me perturba é o seguinte: de onde veio o pensamento?

Isso é surpreendente. Desde que escrevi a respeito do poder da intenção no meu livro *The Attractor Factor,* e desde que falei a respeito dele no filme *O Segredo,* vir a compreender que as intenções não são de modo nenhum uma escolha minha foi um choque. Tudo indica que o que eu pensei que estava fazendo quando defini uma intenção era simplesmente a verbalização de um impulso que já estava em atividade no meu cérebro.

A questão torna-se então a seguinte: o que ou quem fez com que o meu cérebro enviasse a intenção? Na realidade, perguntei mais tarde ao dr. Hew Len: "Quem está no comando?" Ele riu e disse que tinha adorado a pergunta.

Confesso que eu ainda estava confuso a respeito das intenções. Perdi 36 quilos sendo mentalmente vigoroso e impondo a minha intenção de perder peso. Mas eu estava declarando uma intenção ou simplesmente reagindo ao sinal do meu cérebro para que eu perdesse peso? Foi uma inspiração ou uma memória? Escrevi para o dr. Hew Len e fiz essa pergunta. Ele respondeu, dizendo:

> Nada existe no Zero, Ao Akua, nenhum problema, nem mesmo a necessidade da intenção.
> As preocupações com o peso são simplesmente memórias que estão sendo reencenadas, e essas memórias substituem o Zero, você.
> O retorno ao Zero, você, requer que a Divindade apague as memórias por trás das preocupações com o peso.
> Apenas duas leis determinam as experiências: a Inspiração da Divindade e a Memória armazenada na Mente Subconsciente, sendo a primeira Nova em Folha e a última Velha.
> Jesus teria supostamente dito o seguinte: "Procurai primeiro o Reino (Zero) e tudo o mais será acrescentado (Inspiração)."
> O Zero é a residência de você e da Divindade... "de onde e de quem brotam todas as bênçãos: a Riqueza, a Saúde e a Paz."
> POI
>
> Dr. Hew Len

Até onde pude depreender, o dr. Hew Len estava olhando além das intenções e dirigindo-se à origem – o estado zero, onde não existe limite. A partir de lá experimentamos a memória ou a inspiração. A preocupação com o peso é uma memória. A única coisa a fazer é amá-la, perdoá-la e até mesmo agradecer por ela. Ao purificá-la, você está garantindo que o Divino terá uma chance de produzir uma inspiração.

O que parece ser verdade é que o meu desejo de comer em excesso, que me manteve obeso durante a maior parte da minha vida, era um programa. Ele se forma no inconsciente. A não ser que eu o purifique, ele permanecerá lá e continuará a efervescer. Na medida em que ele está sempre vindo à tona, tenho que permanecer consciente da minha escolha: comer ou não em excesso. Isso acaba se tornando uma batalha que dura a vida inteira. Não é nem um pouco divertido. Sem dúvida podemos neutralizar a tendência dizendo não a ela, mas isso obviamente exige empenho e energia enormes. Com o tempo, dizer não à satisfação do desejo pode tornar-se um novo hábito, mas temos que passar por um verdadeiro inferno para chegar a esse ponto!

Em vez disso, quando fazemos uma limpeza na memória, ela acaba desaparecendo. Depois, o desejo de comer em excesso não mais se manifestará. Somente a paz permanecerá.

Em resumo, a intenção era mero farrapo quando comparada à inspiração. Enquanto mantive a intenção de fazer alguma coisa, continuei a lutar com o que existe. Assim que entreguei os pontos e cedi à inspiração, a vida se transformou.

Eu ainda não tinha certeza se era assim que o mundo realmente funcionava, e ainda estava confuso a respeito do poder da intenção. Então, decidi continuar a investigar.

Jantei com Rhonda Byrne, criadora e produtora do filme de sucesso *O segredo*. Perguntei a ela uma coisa que eu tinha enorme vontade de saber: "Você criou a ideia do filme, ou você recebeu a ideia?"

Eu sabia que ela recebera a inspiração de criar o hoje famoso trailer que causou uma epidemia de marketing. (Assista ao trailer em www.thesecret.tv.) Ela me disse certa vez que a ideia do *teaser* do filme surgiu de repente em um intervalo de poucos segundos. Ela criou o trailer propriamente dito em dez minutos. Ela claramente recebeu algum tipo de inspiração que resultou na produção do mais poderoso *teaser* de filme da história.

Mas eu queria saber se a ideia do filme final propriamente dito teve origem em uma inspiração ou se ela sentiu que fez o filme por outras razões. Esse era o ponto crucial do meu interesse pelas intenções. Estávamos declarando intenções que faziam diferença ou recebendo ideias que posteriormente chamávamos de intenções? Foi o que perguntei a ela enquanto jantávamos.

Rhonda permaneceu quieta por um longo tempo. Ela pareceu desligada, contemplando a minha pergunta, buscando a resposta dentro de si mesma. Finalmente, falou:

"Não tenho certeza", disse ela. "A ideia veio até mim, sem dúvida. Mas eu fiz o trabalho. Eu o criei. Assim, eu diria que eu o fiz acontecer."

A resposta de Rhonda foi esclarecedora. A ideia foi até ela, o que significa que se aproximou dela como uma inspiração. Como o filme é extremamente poderoso, muito bem feito e brilhantemente comercializado, só posso acreditar que tenha sido tudo um desabrochamento do Divino. De fato, havia um trabalho a ser feito, e Rhonda o fez. Mas a ideia em si surgiu como uma inspiração.

O interessante é que depois de o filme já ter sido lançado havia vários meses e a agitação em torno dele estar atingindo proporções históricas, Rhonda enviou um e-mail para todos os que estrelaram o filme dizendo que este agora tinha uma vida própria. Em vez de declarar intenções, Rhonda agora estava atendendo chamadas e agarrando oportunidades. Um livro estava surgindo. Larry King estava fazendo um especial de duas partes baseado nas ideias do filme. Uma versão em áudio estava sendo lançada. Continuações estavam a caminho.

Quando agimos a partir do estado zero no qual não existe limite, não precisamos de intenções. Simplesmente recebemos e agimos.

E milagres acontecem.

No entanto, é possível *interromper* a inspiração.

Rhonda poderia ter dito não ao incentivo de fazer o filme. Parece ser aí que o livre-arbítrio entra em cena. Quando a ideia de fazer alguma coisa aparece na nossa mente – seja ela proveniente da inspiração ou da memória –, podemos escolher agir ou não em função dela, se estivermos conscientes do impulso.

De acordo com Jeffrey Schwartz, no seu convincente livro *The Mind and the Brain,* a nossa vontade consciente – o poder de escolha – é capaz de cancelar o impulso que teve início no nosso inconsciente. Em outras palavras, você pode receber o impulso de adquirir este livro, mas pode neutralizar esse impulso se quiser fazê-lo. Isso é o livre-arbítrio ou a livre vontade, ou, como Schwartz o descreve, a "livre *não-vontade*".

Ele escreve que "em anos posteriores ele [Libet] abraçou a ideia de que o livre-arbítrio atua como um guarda-cancela para os pensamentos que irrompem do cérebro e não se esquivou das implicações morais disso".

William James, o lendário psicólogo, sentia que o livre-arbítrio tem lugar *depois* do impulso que temos de fazer uma coisa e *antes* de efetivamente a fazermos. Novamente, você pode dizer sim, ou não, ao impulso. É preciso estar plenamente consciente para perceber a escolha. O que o dr. Hew Len estava me ensinando era que por meio da limpeza constante de todos os pensamentos, sejam eles decorrentes da inspiração ou da memória, eu seria capaz de escolher melhor o que era certo naquele momento.

Comecei a compreender que a minha perda de peso teve lugar porque escolhi não obedecer à memória ou ao hábito que estava me incentivando a comer mais e me exercitar menos. Ao escolher não seguir esses impulsos causadores de dependência, eu estava introduzindo a minha capacidade de livre vontade ou de livre não-vontade. Em outras palavras, o anseio de comer em excesso era uma memória, não uma inspiração. Ele era proveniente de um programa, não do Divino. Eu estava desconsiderando o programa ou neutralizando-o. O que entendi que o dr. Hew Len estava sugerindo como uma melhor abordagem era amar o programa até que este se dissolvesse e tudo que restasse seria a Divindade.

Eu ainda não entendia bem tudo isso, mas estava prestando atenção e escolhendo não eliminar nada por ser novo. Eu mal poderia imaginar o que me estava reservado a seguir.

Que exceções?

Eu sou a história do que você acha que vê.
— Byron Katie, *All War Belongs on Paper*

O evento do fim de semana foi mais profundo do que eu jamais poderia esperar. O dr. Hew Len explicou que tudo o que buscamos e tudo o que experimentamos – *tudo* – está dentro de nós. Se você quiser mudar alguma coisa, faça-o interiormente, não externamente. A ideia como um todo é a total responsabilidade. Ninguém é culpado. Tudo é você.

"Mas e quando uma pessoa é estuprada?", perguntou alguém. "Ou se acontece um acidente de carro? Não somos responsáveis por tudo isso, somos?"

"Você já reparou que sempre que você tem um problema, você está presente?", perguntou o dr. Hew Len. "Tudo consiste na responsabilidade total com relação a tudo. Não há exceções. Não existe nenhuma brecha que lhe permita escapar de uma coisa da qual você não goste. Você é responsável por todas as coisas – por tudo."

Mesmo quando trabalhou no hospital psiquiátrico, e viu assassinos e estupradores, o dr. Hew Len assumiu a responsabilidade. Ele compreendeu que eles estavam agindo a partir de uma memória ou programa. Para ajudá-los, ele teve que remover a memória. A única maneira de fazer isso é por meio da purificação, ou limpeza. Foi isso que ele quis dizer quando declarou que nunca atendia profissionalmente os clientes em um ambiente terapêutico. Ele examinava as fichas deles e, enquanto o fazia, dizia em silêncio para o Divino: "Eu te amo", "Sinto muito", "Por favor, me perdoa" e "Obrigado". Ele estava fazendo o que sabia fazer para ajudar os pacientes a voltar ao estado de limite zero. Enquanto o dr. Hew Len fazia isso *dentro de si mesmo,* os pacientes ficavam curados.

O dr. Hew Len explicou: "Em poucas palavras, ho'oponopono significa 'reparar' ou 'corrigir um erro'. *Ho'o* significa 'causa' em havaiano e *ponopono* quer dizer 'perfeição'. De acordo com os antigos havaianos, o erro nasce de pensamentos que estão contaminados por memórias dolorosas do passado. O ho'oponopono oferece uma maneira de liberar a energia desses pensamentos, ou erros, dolorosos que causam o desequilíbrio e a doença."

Em resumo, ho'oponopono é simplesmente um processo de solucionar problemas. Mas ele é feito inteiramente *dentro* de você.

Esse processo novo e aprimorado foi criado por Morrnah, a amada kahuna que ensinou o seu método ao dr. Hew Len em novembro de 1982. O dr. Hew Len ouvira falar em uma "fazedora de milagres" que dava palestras nos hospitais, universidades e até mesmo nas Nações Unidas. Ele a conheceu, viu-a curar a filha dele de herpes-zoster, e abandonou tudo para estudar com ela e aprender o seu método de cura simplificado. Como o dr. Hew Len também estava passando por dificuldades no seu casamento na ocasião, ele também deixou a família. Isso não é tão incomum. Há uma longa história de pessoas que deixam a família para estudar com um mestre espiritual. O dr. Hew Len queria aprender o método de Morrnah.

Entretanto, ele não aceitou instantaneamente os costumes estranhos dela. Ele se inscreveu em um seminário que ela conduziu e foi embora três horas depois. "Ela estava falando com os espíritos e parecia maluca", disse o dr. Hew Len, "de modo que fui embora".

Ele voltou uma semana depois, pagou novamente a taxa de inscrição e tentou ficar até o fim de outro seminário que Morrnah estava oferecendo, mas não conseguiu. Tudo que ela ensinava parecia tão louco para essa mente de formação universitária que uma vez mais ele se retirou do seminário.

"Voltei pela terceira vez e, nessa ocasião, permaneci no local o fim de semana inteiro", me disse o dr. Hew Len. "Eu ainda pensava que Morrnah era maluca, mas havia algo nela que falava ao meu coração. Fiquei com ela até a sua morte em 1992."

O método interior autodirecionado de Morrnah fazia milagres, de acordo com o dr. Hew Len e outros. A sua prece de alguma maneira apagava memórias e programas pelo simples fato de ela dizê-la. Eu sabia que queria aprender aquela liturgia e não descansaria enquanto não o fizesse.

Morrnah ofereceu uma leve indicação do seu método em um artigo que escreveu para o livro *I Am a Winner*: "Uso o antigo sistema desde os dois anos de idade, revisei o processo, mas ele retém a 'essência' da 'antiga sabedoria'."

Mabel Katz, no seu pequeno livro *The Easiest Way*, diz o seguinte: "Ho'oponopono é um processo de perdão, arrependimento e transformação. Todas as vezes que usamos qualquer uma das suas ferramentas, estamos assumindo 100% de responsabilidade e pedindo perdão (para nós mesmos). Descobrimos que tudo que acontece na nossa vida é apenas uma projeção dos nossos 'programas'."

Eu me perguntei como o processo atualizado do Ho'oponopono da Identidade Própria de Morrnah diferia do ho'oponopono tradicional. Dr. Hew Len explicou a diferença da seguinte maneira:

Identidade Própria por meio do Ho'oponopono	Ho'oponopono Tradicional
1. A resolução de problemas é *intra*pessoal.	1. A resolução de problemas é *inter*pessoal.
2. Somente você e eu estamos envolvidos.	2. Um membro graduado atua como mediador da sessão de resolução de problemas com todos os participantes.
3. Somente você está fisicamente presente.	3. Todas as pessoas envolvidas no problema precisam estar fisicamente presentes.

4. Arrependimento ao Eu.	4. É exigido que cada participante se arrependa um para o outro, com o membro graduado atuando como mediador para que os participantes não se mostrem beligerantes.
5. Perdão a partir do Eu.	5. É exigido que cada participante peça perdão a cada um dos outros participantes.

No ho'oponopono tradicional, o membro graduado, treinado na dinâmica da resolução de problemas, é responsável por fazer com que todos tenham a oportunidade de dizer o que cada um encara como sendo o problema. Esta é sempre uma área de controvérsia no ho'oponopono tradicional, porque cada participante enxerga o problema de um modo diferente. Devo admitir que gosto do processo novo e aprimorado, pois tudo acontece dentro da pessoa. Não precisamos de mais ninguém. Isso faz mais sentido para mim. Como sou aluno de professores com base junguiana, como a autora de best-sellers Debbie Ford *(The Dark Side of the Light Chasers)*,* eu já entendia que o lugar para a mudança é dentro de nós e não no ambiente ou em qualquer outra pessoa.

"Junto com o processo atualizado do ho'oponopono", prosseguiu o dr. Hew Len, "Morrnah foi orientada a incluir as três partes do eu, que são a chave para a Identidade Própria. Essas três partes, que existem em cada molécula da realidade, são chamadas de *Unihipili* (criança/subconsciente), *Uhane* (mãe/consciente) e *Aumakua* (pai/superconsciente). Quando essa 'família interior' está em harmonia, a pessoa está no ritmo da Divindade. Com esse equilíbrio, a vida começa a fluir. Assim, o ho'oponopono ajuda a restabelecer o equilíbrio primeiro no indivíduo e depois em toda a criação."

Ele passou a dar mais explicações a respeito desse incrível processo:

---

* Publicado no Brasil pela editora Cultrix com o título *O lado sombrio dos buscadores da luz*. (N. da T.)

"O ho'oponopono é na realidade muito simples. Para os antigos havaianos, todos os problemas começam como pensamentos. No entanto, ter um pensamento não é o problema. Então qual é o problema? O problema é que todos os nossos pensamentos estão impregnados de memórias dolorosas – memórias de pessoas, lugares ou coisas.

"O intelecto atuando sozinho não consegue resolver esses problemas, porque o intelecto apenas administra. Administrar as coisas não é uma maneira de resolver problemas. É preciso abandoná-los! Quando fazemos ho'oponopono, o que acontece é que a Divindade pega o pensamento doloroso e o neutraliza ou purifica. Não purificamos a pessoa, o lugar ou a coisa. Neutralizamos a energia que associamos a essa pessoa, lugar ou coisa. Assim, o primeiro estágio do ho'oponopono é a purificação dessa energia.

"Agora, uma coisa maravilhosa acontece. Essa energia não é apenas neutralizada; ela também é *liberada*, de modo que temos uma tábula rasa. Os budistas a chamam de Vazio. O passo final é permitir que a Divindade se aproxime e preencha o vazio com luz.

"Para fazer ho'oponopono, você não precisa saber qual é o problema ou o erro. Tudo que você tem que fazer é notar qualquer problema que você esteja vivenciando física, mental, emocionalmente ou de qualquer outro tipo. Depois que você discernir o problema, a sua responsabilidade é começar imediatamente a *limpar, purificar,* dizendo: 'Sinto muito. Por favor me perdoa.'"

Quando pesquisei Morrnah, encontrando até mesmo DVDs de entrevistas com ela, finalmente descobri a prece que ela dizia para curar as pessoas, quer estivesse pessoalmente com elas ou não. A liturgia que ela dizia era assim:

> Divino criador, pai, mãe, filho como um só... Se eu, a minha família, os meus parentes e os meus ancestrais ofendemos a ti, tua família, teus parentes e teus ancestrais em pensamentos, palavras, realizações e ações desde o início da criação até o presente, pedimos o teu perdão... Permita que isto limpe, purifique, libere, interrompa todas

as memórias, bloqueios, energias e vibrações negativos, e transmute essas energias indesejáveis em uma luz pura... E está feito.

Eu não tinha bem certeza de como essa prece liberava a cura dentro de uma pessoa, mas eu conseguia perceber que ela se baseava no perdão. Aparentemente, Morrnah, e agora o dr. Hew Len, sentia que ao pedir perdão limpávamos o caminho para que a cura se manifestasse. O que estava bloqueando o nosso bem-estar nada mais era do que a falta de amor. O perdão abria a porta que permitia que ele voltasse a entrar.

Achei tudo isso fascinante. Entretanto, eu não tinha certeza de como o ho'oponopono poderia me ajudar a curar a mim mesmo, você ou os doentes mentais. Mas continuei escutando. O dr. Hew Len prosseguiu então explicando que temos que assumir 100% de responsabilidade pela nossa vida – sem exceções, sem desculpas, sem brechas.

"Vocês conseguem imaginar se todos soubéssemos que somos 100% responsáveis?", perguntou ele. "Fiz um trato comigo mesmo há dez anos que eu me daria de presente um sundae hot fudge – tão grande que eu ficaria enjoado – se eu conseguisse chegar ao fim do dia sem ter julgado ninguém. Nunca consegui fazer isso! Percebo que consigo me apanhar fazendo isso com mais frequência, mas nunca chego ao fim do dia sem fazer um julgamento."

Bem, pelo menos agora eu sabia que ele era humano. Consegui me identificar com a confissão que ele fez. Por mais que eu tenha trabalhado em mim mesmo, ainda sou afetado por pessoas ou situações que eu gostaria que fossem diferentes. Sou bem mais capaz hoje em dia de tolerar quase todas as coisas que acontecem comigo na vida, mas também estou longe de ser completamente amoroso em todas as situações.

"Mas de que maneira posso explicar isso às pessoas, ou seja, que somos 100% responsáveis pelos problemas?", perguntou o dr. Hew Len. "Se você quiser resolver um problema, trabalhe em si mesmo.

Se o problema é com outra pessoa, por exemplo, apenas pergunte a si mesmo: 'O que está acontecendo *em mim* que está fazendo com que essa pessoa me aborreça?' As pessoas só aparecem na sua vida para aborrecê-lo! Se você estiver consciente disso, poderá tornar qualquer situação mais elevada. Como? É simples: 'Sinto muito por qualquer coisa que esteja acontecendo. Por favor, me perdoa.'"

Ele prosseguiu explicando que, se somos um massoterapeuta ou quiroprático e alguém nos procura com dor nas costas, a pergunta a ser feita é: "O que está acontecendo dentro de mim que se manifesta como dor nas costas desta pessoa?"

Esta é uma maneira perturbadora de contemplar a vida. Ela provavelmente explica, em parte, como o dr. Hew Len foi capaz de curar todos aqueles criminosos que sofriam de doenças mentais. Ele não trabalhou neles; trabalhou *em si mesmo*.

O dr. Hew Len passou então a explicar que no fundo somos todos puros; somos desprovidos de programas, memórias ou até mesmo de inspirações. Esse é o estado zero, onde não existe limite. No entanto, à medida que vamos vivendo, adquirimos programas e memórias, quase como as pessoas pegam um resfriado. Não somos maus quando pegamos um resfriado, mas temos que fazer o que é necessário para ficar livres dele, para nos purificarmos. Quando vemos um programa em outra pessoa, nós também o temos. A saída é a limpeza, a purificação.

O dr. Hew Len disse: "Qualquer pessoa disposta a ser 100% responsável por criar a sua vida da maneira como ela é de momento a momento tem uma saída para os problemas e para a doença. No antigo processo de cura havaiano do ho'oponopono, a pessoa pede ao Amor que corrija os erros dentro dela. Ela diz: 'Sinto muito. Por favor, me perdoe pelo que está acontecendo dentro de mim que se manifesta como o problema.' A responsabilidade do Amor é então transmutar os erros dentro da pessoa que se manifestam como o problema."

Ele acrescentou: "O ho'oponopono não encara os problemas como uma provação e sim como uma oportunidade. Os problemas são apenas memórias reencenadas do passado que se manifestam para nos conceder mais uma oportunidade de enxergar com os olhos do amor e agir a partir da inspiração."

Uma vez mais, estou proibido de compartilhar os detalhes íntimos do seminário. Estou falando sério. Tive que assinar um contrato de sigilo, cujo principal objetivo era proteger a privacidade dos participantes. Mas uma coisa eu posso dizer: tudo consiste em você assumir a plena responsabilidade pela sua vida.

Sei que você já ouviu isso antes. Eu também. Mas você nunca levou a ideia ao grau superabrangente ensinado no seminário. Ter completa responsabilidade significa aceitar tudo – até mesmo as pessoas que entram na sua vida e os problemas *delas,* porque os problemas delas são os seus problemas. Elas estão *na sua vida,* e se você assumir a plena responsabilidade pela sua vida, você também tem que assumir a plena responsabilidade pelo que *elas* estão experimentando. (Eu o desafio a repetir o que você acaba de ler.)

Este é um conceito que vira a cabeça, abre a mente e paralisa o cérebro. Vivê-lo significa transformar a sua vida como nunca aconteceu antes. Entretanto, compreender a ideia de 100% de responsabilidade está além do que a maioria de nós está pronta para fazer, que dirá aceitar.

No entanto, uma vez que você a aceita, a pergunta seguinte é como você se transforma para que o resto do mundo também mude.

A única maneira segura é fazê-lo por meio de "Eu te amo". Este é o código que libera a cura. Mas você o utiliza em *si mesmo,* não nos outros. Lembre-se de que o problema deles é o *seu* problema, de modo que trabalhar *neles* não ajudará *você.* Eles não precisam de cura; *você precisa.* Você precisa curar a si mesmo. Você é a fonte de *todas* as experiências.

Essa é a *essência* do processo modernizado do ho'oponopono.
Vá em frente e reflita sobre *isso* durante algum tempo.
Enquanto fizer isso, ficarei apenas repetindo: "Eu te amo."

Um dos pontos principais desse seminário de fim de semana é que você está agindo a partir da memória ou da inspiração. A memória é pensamento; a inspiração é consentimento. Quase todos nós estamos, sem sombra de dúvida, vivendo a partir de memórias. Não temos consciência delas porque somos basicamente inconscientes, ponto final.

Nessa maneira de encarar o mundo, o Divino envia uma mensagem lá de cima para a sua mente. Mas se memórias estiverem sendo reproduzidas – o que quase sempre é o caso – não conseguiremos ouvir a inspiração, que dirá agir em função dela. Como resultado, a Divindade não consegue fazer penetrar uma única palavra. Estamos ocupados demais com o barulho que está tendo lugar na nossa cabeça para poder escutar alguma coisa.

O dr. Hew Len fez alguns desenhos para esclarecer os seus argumentos. (Ver o diagrama do Estado do Vazio.) Um deles foi um triângulo. Ele disse que isso éramos nós, o indivíduo. Na essência, existe apenas a Divindade. Esse é o estado zero onde não existe limite.

Você receberá inspiração da Divindade. A inspiração vem do Divino, mas a memória é um programa no inconsciente coletivo da humanidade. Um programa é como uma convicção, uma programação que compartilhamos com outras pessoas quando a notamos nelas. O nosso desafio é remover todos os programas para voltarmos ao estado zero, no qual a inspiração pode surgir.

O dr. Hew Len passou muito tempo explicando que as memórias são compartilhadas. Quando você detecta uma coisa de que não gosta em outra pessoa, ela também está em você. A sua tarefa é purificá-la. Quando você fizer isso, ela também deixará a outra pessoa. Na realidade, com o tempo ela abandonará o mundo.

"Um dos programas mais persistentes no mundo é o ódio que as mulheres sentem dos homens", anunciou o dr. Hew Len. "Passo o tempo todo limpando e purificando, e é como se eu estivesse arrancando ervas daninhas de um campo gigantesco de ervas daninhas. Cada erva é uma parte do programa. As mulheres abrigam um ódio profundamente entranhado. Precisamos amá-lo para abandoná-lo."

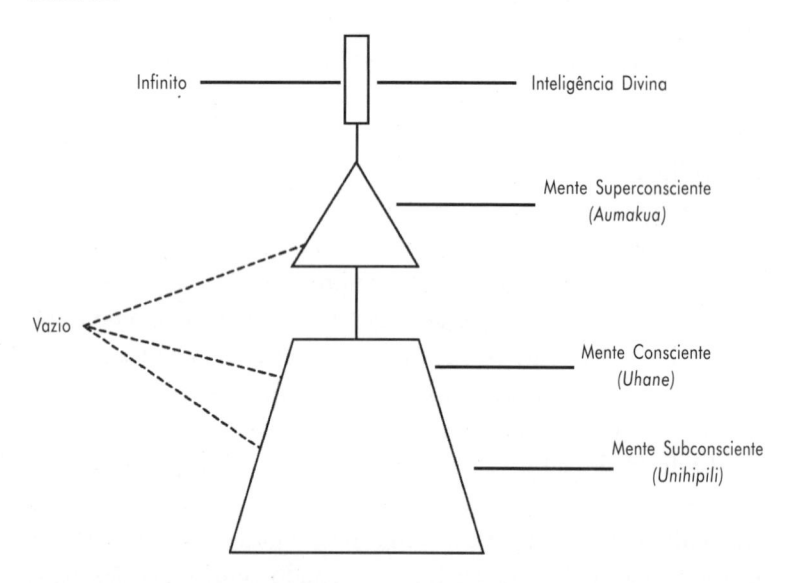

```
                    Infinito ——————         —————— Inteligência Divina

                                                  Mente Superconsciente
                                                  (Aumakua)

    Vazio
                                                  Mente Consciente
                                                  (Uhane)

                                                  Mente Subconsciente
                                                  (Unihipili)
```

Não entendi bem tudo isso. Parecia outro modelo ou mapa do mundo. Todo psicólogo, filósofo e religião tem um. Estou interessado neste porque dá a impressão de poder ajudar todo o planeta. Afinal de contas, se o dr. Hew Len é capaz de curar uma ala inteira de criminosos portadores de doenças mentais, o que mais é possível?

Mas o dr. Hew Len ressaltou que o ho'oponopono não é fácil. Exige comprometimento. "Esta não é uma abordagem da vida à la McDonald's", disse ele. "Não é um lugar onde fazemos o pedido de uma fast-food e somos servidos quase instantaneamente. Deus não é um anotador de ordens. Esta abordagem requer uma concentração constante na purificação e na limpeza."

Ele contou histórias de pessoas que usavam o método da limpeza para fazer o que outras poderiam considerar impossível. Uma das narrativas foi a respeito de uma engenheira da Nasa que o procurou devido a um problema em um dos foguetes.

"Já que ela veio até mim, pressupus que eu fazia parte do problema", explicou o dr. Hew Len. "Assim, fiz a limpeza. Eu disse 'sinto muito' para o foguete. Mais tarde, quando a engenheira voltou, ela explicou que o foguete de alguma maneira corrigiu a si mesmo no voo."

Fazer ho'oponopono influenciou o foguete? O dr. Hew Len e a engenheira acham que sim. Conversei com a engenheira, e ela disse que teria sido impossível para o foguete corrigir a si mesmo. Alguma outra coisa, da natureza de um milagre, tinha que ter acontecido. Para ela, foi a realização da limpeza com a ajuda do dr. Hew Len.

Não posso dizer que acreditei nessa história, mas também preciso admitir que não tenho outra explicação para ela.

Certo homem me procurou durante um dos intervalos do evento e disse: "Há um famoso profissional de marketing da internet que tem o mesmo nome que você."

Eu não sabia se ele estava brincando ou não, de modo que comentei: "É mesmo?"

"É, ele é autor de muitos livros, além de escrever sobre marketing espiritual e produzir textos convincentes. Ele é um cara legal."

"Esse cara sou *eu*", declarei.

O homem pareceu muito sem graça. Mark Ryan ouvira toda a conversa e a achou engraçada.

Não tinha importância que as pessoas conhecessem ou não o meu status de celebridade virtual, pois eu estava me tornando conhecido na própria sala. O dr. Hew Len me chamou tantas vezes durante o evento que as pessoas começaram a achar que ele estava me dando uma atenção especial. Uma pessoa perguntou: "Você tem algum parentesco com o dr. Hew Len?" Respondi que não e perguntei por que a pessoa achou que eu poderia ter. "Não sei; está dando a impressão de que ele está se concentrando em você."

Em nenhum momento eu senti que estava recebendo aquela atenção de uma maneira negativa. Não vou negar que gostei de ter certa preferência, e pressupus que o dr. Hew Len estivesse fazendo aquilo para me ajudar pessoalmente, já que ele sabia que eu escrevia livros e tinha um grupo de seguidores na internet. Estou certo de que uma parte dele sabia que, se eu recebesse essa mensagem de cura, eu seria capaz de curar muitas pessoas.

O que eu não sabia na ocasião era que ele, por ter sido inspirado pelo Divino, estava me preparando para que eu me tornasse um guru. Mas não um guru para o mundo; um guru para mim mesmo.

Eu te amo

Nada que seja perfeito, completo e certo para você pode lhe ser negado quando você é o seu Eu em primeiro lugar. Ao ser o seu Eu em primeiro lugar, você automaticamente experimenta a perfeição sob a forma de Pensamentos, Palavras, Realizações e Ações Divinos. Ao permitir que os seus pensamentos tóxicos venham em primeiro lugar, você automaticamente experimenta a imperfeição sob a forma de doença, confusão, ressentimento, depressão, reprovação e pobreza.
– Dr. Ihaleakala Hew Len

Absorvi a mensagem do dr. Hew Len o melhor que eu pude, mas havia muito mais coisas que eu queria e precisava aprender. Sempre fui competente em ser uma esponja e "captar" as ideias simplesmente permitindo-me ficar aberto a elas. Enquanto eu estava sentando nesse meu primeiro evento, comecei a achar que a minha única função na vida era dizer "Eu te amo" para qualquer coisa que surgisse no meu caminho, quer eu a considerasse boa ou má. Quanto mais eu conseguisse dissolver os programas limitantes que eu via ou sentia, mais eu poderia alcançar o estado de limite zero e levar a paz para o planeta por meu intermédio.

Mark teve um pouco mais de dificuldade em entender a mensagem do seminário. Ficou insistindo em colocar tudo em um contexto lógico. Estava ficando claro para mim que a mente não tem nenhuma ideia do que está acontecendo, de modo que tentar encontrar uma explicação lógica era por si só uma receita para o fracasso.

O dr. Hew Len enfatizou repetidamente que existem 15 informações disponíveis para a mente consciente, mas 15 milhões estão acontecendo em qualquer momento escolhido. Não temos a menor chance de compreender todos os elementos que estão em ação na nossa vida. Temos que entregar os pontos. Precisamos confiar.

Admito que grande parte disso parecia sem sentido. Em um determinado momento do evento, um homem disse que viu um portal aberto em uma parede e pessoas mortas flutuando através dele.

"Você sabe por que está vendo isso?", perguntou o dr. Hew Len.

"Porque tínhamos falado a respeito de espíritos mais cedo", disse alguém.

"Exatamente", reconheceu o dr. Hew Len. "Você os atraiu ao falar a respeito deles. Você não tem necessidade de examinar outros mundos. Você tem bastante o que fazer ficando neste mundo neste momento."

Eu não vi nenhum fantasma. Eu não sabia o que pensar a respeito daqueles que os viram. Gostei do filme *O sexto sentido,* mas só como filme. Eu não queria que espíritos aparecessem e falassem comigo.

No entanto, isso aparentemente é normal para o dr. Hew Len. Ele contou a história de que ouvia as descargas dos vasos sanitários serem puxadas à meia-noite – sozinhas – quando trabalhava no hospital psiquiátrico.

"O lugar estava repleto de espíritos", disse ele. "Muitos pacientes tinham morrido na ala nos anos anteriores, mas não sabiam que estavam mortos. Eles ainda estavam lá."

Ainda estavam lá usando o banheiro?

Aparentemente este era o caso.

Mas como se isso não fosse estranho o suficiente, o dr. Hew Len prosseguiu explicando que, se algum dia falarmos com alguém e percebermos que os olhos da pessoa estão quase inteiramente brancos com uma película turva ao redor das bordas, ela está possuída.

"Nem mesmo tentem falar com ela", recomendou o dr. Hew Len. "Em vez disso, apenas purifiquem a si mesmos e esperem que a sua limpeza remova a escuridão assumindo o controle da pessoa."

Sou um cara de mente bem aberta, mas essa conversa de espíritos, almas possuídas e fantasmas que usam o banheiro à noite era um pouco demais até mesmo para mim. Ainda assim, não desisti.

Eu queria conhecer os segredos supremos da cura para poder ajudar a mim mesmo e os outros a alcançar a riqueza, a saúde e a felicidade. Nunca imaginei que eu teria que andar pelo mundo invisível e entrar na zona limítrofe para fazer isso.

Em outro momento do evento, estávamos deitados no chão fazendo exercícios para tornar disponível a energia no nosso corpo. O dr. Hew Len me chamou.

"Quando olho para essa pessoa, vejo toda a fome do Sri Lanka", me disse ele.

Olhei para ela, mas vi apenas uma mulher se alongando no tapete.

"Temos muito a purificar", declarou o dr. Hew Len.

Apesar da minha confusão, fiz o melhor que pude para praticar o que eu entendia. A coisa mais fácil a fazer era simplesmente dizer "Eu te amo" o tempo todo. Então foi o que fiz. Quando fui ao banheiro certa noite, senti o início de uma infecção urinária. Eu disse "Eu te amo" para o Divino enquanto sentia a infecção. Logo me esqueci dela e, de manhã, ela tinha desaparecido.

Continuei a dizer mentalmente "Eu te amo" repetidas vezes, independentemente do que estivesse acontecendo, fosse uma coisa boa, ruim ou diferente. Eu estava tentando fazer o melhor que podia para purificar qualquer coisa no momento, quer eu estivesse ou não consciente dela. Vou dar um exemplo rápido sobre como isso funciona:

Um dia uma pessoa me enviou um e-mail que me deixou irritado. No passado, eu lidaria com a situação trabalhando as minhas questões emocionais críticas ou tentando ponderar com a pessoa que me enviou a mensagem desagradável. Dessa vez, decidi experimentar o método do dr. Hew Len.

Fiquei repetindo em silêncio "Sinto muito" e "Eu te amo". Eu não estava dizendo essas coisas para ninguém em particular. Eu estava simplesmente evocando o espírito do amor para que curasse dentro de mim o que estava criando ou atraindo a circunstância externa.

Uma hora depois recebi outro e-mail da mesma pessoa, no qual ela se desculpava pela mensagem anterior.

É importante ter em mente que eu não tomei nenhuma medida externa para obter esse pedido de desculpas. Nem mesmo respondi ao e-mail. No entanto, ao dizer "Eu te amo", de alguma maneira corrigi dentro de mim o programa oculto limitante do qual nós dois estávamos participando. Esse processo nem sempre envolve resultados instantâneos. A ideia não é obter resultados, mas sim alcançar a paz. Quando você faz isso, frequentemente obtém os resultados que queria originalmente.

Certo dia, por exemplo, um dos meus funcionários me deixou na mão. Ele deveria terminar um trabalho em um projeto importante e tinha um prazo final urgente. Além de não terminar, ele parecia ter desaparecido da face da terra.

Eu não aceitei isso muito bem. Embora quando isso aconteceu eu já conhecesse o método do dr. Hew Len, achei difícil dizer "Eu te amo" quando tudo que eu queria dizer era "Eu quero te matar". Sempre que eu pensava no meu empregado, eu sentia raiva.

Ainda assim, fiquei repetindo "Eu te amo", "Por favor, me perdoa" e "Sinto muito". Eu não estava dizendo isso para ninguém. Eu estava dizendo por dizer. Certamente não estava sentindo amor. Na verdade, levei três dias me dedicando a esse processo antes que eu chegasse perto de encontrar a paz dentro de mim mesmo.

E foi então que o meu funcionário apareceu.

Ele estava na prisão e telefonou para pedir ajuda. Eu o ajudei e continuei a praticar "Eu te amo" enquanto lidava com a situação. Embora eu não visse resultados instantâneos, o fato de eu ter encontrado a paz interior foi um resultado suficiente para me fazer feliz. E de algum modo, naquele ponto, o meu empregado sentiu o mesmo. Foi quando ele pediu a um carcereiro para usar o telefone e me telefonou. Enquanto eu falava com ele no telefone, pude obter as respostas que precisava para concluir o meu projeto urgente.

Quando participei daquele primeiro seminário de ho'oponopono oferecido pelo dr. Hew Len, ele elogiou o meu livro *The Attractor Factor*. Ele me disse que, à medida que eu for me purificando, as vibrações do meu livro aumentarão e todo mundo sentirá isso quando o lerem. Em resumo, à medida que eu fosse me aprimorando, o mesmo aconteceria com os meus leitores.

"E os livros que já foram vendidos e que estão lá fora?", perguntei. *The Attractor Factor* fora um best-seller e tivera numerosas edições, e estava agora sendo publicado em brochura. Eu estava preocupado com todas as pessoas que já tinham exemplares do meu livro.

"Aqueles livros não estão lá fora", explicou ele, uma vez mais me confundindo com a sua sabedoria mística. "Eles ainda estão em você."

Em resumo, não existe um "lá fora".

Seria preciso um livro inteiro para explicar essa técnica avançada com a profundidade que ela merece, motivo pelo qual estou escrevendo este com o consentimento do dr. Hew Len. Basta dizer que sempre que quiser melhorar qualquer coisa na sua vida, desde as finanças até os relacionamentos, você só precisa procurar em um único lugar: dentro de *si mesmo*.

Nem todo mundo no evento entendeu a essência do que o dr. Hew Len estava falando. Perto do final do último dia, as pessoas começaram a bombardeá-lo com perguntas, todas provenientes do lado lógico da mente:

"Como a minha limpeza pode afetar outra pessoa?"

"Onde está o livre-arbítrio em tudo isso?"

"Por que tantos terroristas estão nos atacando?"

Dr. Hew Len ficou quieto. Ele dava a impressão de estar olhando diretamente para mim, e eu estava sentado no fundo da sala. Ele parecia frustrado. Levando em conta que toda a mensagem dele dizia respeito a não existir nenhum "lá fora", a tudo estar dentro de nós, ele provavelmente estava sentindo que a falta de entendimento de todo mundo refletia a falta de entendimento dele. Ele dava a impressão de que ia suspirar. Só posso imaginar que ele estivesse dizendo aos seus botões: "Sinto muito. Eu te amo."

Reparei que muitas pessoas no evento tinham nomes havaianos, e no entanto não pareciam havaianas. Mark e eu pedimos a elas que nos explicassem o motivo daquilo. Fomos informados que, se sentíssemos vontade, o dr. Hew Len poderia nos dar um novo nome. A ideia era que nos identificássemos com um novo eu no caminho de não ter nenhum eu e nos fundirmos com a Divindade no zero.

Eu conhecia o poder de um novo nome. Nos idos de 1979, tornei-me Swami Anand Manjushri. O nome me foi dado pelo meu mestre na ocasião, Bhagwan Shree Rajneesh. Naquela época da minha vida, quando eu ainda estava lutando com o meu passado, debatendo-me com a pobreza e buscando um significado, o nome me ajudou a recomeçar. Eu o usei durante sete anos. Era natural que eu me perguntasse se o dr. Hew Len me daria ou poderia me dar um novo nome.

Quando eu lhe fiz a pergunta, ele disse que costuma consultar a Divindade. Quando se sente inspirado, ele diz o que recebe. Mais ou menos um mês depois daquele primeiro seminário, ele me escreveu dizendo o seguinte:

Joe:

Vi uma nuvem surgir na minha mente outro dia. Ela iniciou uma transformação do seu eu, agitando-se lentamente e transformando-se em um amarelo bem suave. Em seguida ela estendeu o seu eu como uma criança ao despertar na invisibilidade. O nome **Ao Akua**, "**Divino**", emergiu da invisibilidade.

Recebi a seguinte citação hoje como parte de uma mensagem de e-mail:

"Ó Senhor que me transmites vida, concede-me um coração repleto de gratidão."

Eu lhe desejo Paz além de todo o entendimento.

Paz do Eu,

Ihaleakala

Adorei o nome Ao Akua, mas não tinha a menor ideia de como pronunciá-lo. Assim, escrevi para Hew Len pedindo ajuda. Eis o que ele respondeu:

Joe:

A é o som da letra a em pai.
    O é o som da letra o em Oi.
    K é o som da letra c em casa.
    U é o som da letra u em azul.
    Paz do Eu,

Ihaleakala

Consegui então entender e fiquei feliz com o meu novo nome. Nunca o usei em público, mas o fazia quando escrevia para o dr. Hew Len. Mais tarde, quando comecei o meu blog em www.Joe Vitale.com, passei a assinar "Ao Akua". Muito poucas pessoas fizeram perguntas. No entanto, adorei usar o nome porque parecia que eu estava pedindo à Divindade que purificasse o meu blog usando uma frase que significava, para mim, o afastamento das nuvens para que eu pudesse avistar Deus.

Embora o treinamento do fim de semana tivesse inserido "Eu te amo" no meu coração, pelo menos temporariamente, mesmo assim eu queria mais. Escrevi para o dr. Hew Len perguntando se ele viria ao Texas para falar sobre o ho'oponopono com um pequeno grupo de amigos. Esse era o meu plano para poder desfrutar um pouco mais da pessoa dele. Ele viria ao Texas para dar uma pequena palestra, e ficaria hospedado na minha casa. Nesse ínterim, eu lhe faria diretamente perguntas a respeito do que ele sabe, inclusive sobre como ele curou aquela ala inteira de criminosos portadores de doenças mentais. O dr. Hew Len aceitou o convite e me escreveu o seguinte:

Joe:

Obrigado por ter me procurado. Você não precisava tê-lo feito e mesmo assim o fez. Sou grato.

Eu gostaria de propor um "formato" de entrevista para a visita informal que eu farei a Austin em fevereiro. Talvez o pano de fundo da entrevista possa ser uma espécie de levantamento das abordagens à resolução de problemas que você examinou no seu livro *Adventures Within: Confessions of an Inner World Journalist*. Eu o encaro como sendo mais do que o entrevistador e eu como mais do que o entrevistado na nossa combinação.

A clareza é extremamente importante na hora de transmitir uma informação, seja qual for a forma de arte que ela assuma. Existe, por exemplo, muita imprecisão com relação ao que um problema é, que dirá à sua causa. Como podemos resolver um problema quando podemos estar incertos a respeito do que ele é? Onde está situado o problema a ser tratado? Na Mente? O que é isso? Ou no Corpo (onde quase todo mundo coloca a aposta?)? Ou em ambos? Talvez não seja em nenhum desses dois lugares.

Há inclusive a questão de quem ou o que efetua a resolução do problema.

Como você mencionou no seu livro, é difícil deixar de fazer julgamentos quando tentamos resolver problemas usando métodos como a Opção ou o Fórum. Os julgamentos ou as convicções são o verdadeiro problema? Deixe que o verdadeiro problema se apresente para que todos vejam.

A entrevista informal não seria a respeito de métodos ou conceitos bons ou maus, certos ou errados. Ela seria uma maneira de trazer à tona a falta de clareza recorrente. Você e eu estaríamos prestando um enorme serviço se purificássemos as águas, mesmo que apenas um pouquinho.

É claro que cada momento encerra os seus ritmos e tendências peculiares. No final, como diz Brutus (parafraseando) na peça *Júlio César* de Shakespeare: "Teremos que esperar até o final do dia para ver o que acontece." E é o que também teremos que fazer.

Diga-me quais são as suas ideias a respeito da entrevista que você propôs. Não estou comprometido com ela como Brutus estava até o fim.

Paz.

Ihaleakala

Logo em seguida anunciei um jantar exclusivo com o dr. Hew Len. Achei que talvez cinco ou seis pessoas pudessem aparecer. Em vez disso, quase cem pessoas se mostraram interessadas. E 75 delas pagaram por um jantar agradável e de qualidade para reservar um lugar à mesa.

O dr. Hew Len me surpreendeu ao pedir uma lista com o nome de todas as pessoas que iriam comparecer ao evento. Ele queria fazer uma limpeza no que dizia respeito a elas. Eu não tinha certeza do que aquilo significava, mas enviei a lista assim mesmo. Ele agradeceu, dizendo:

Obrigado pela lista, Ao Akua.

Tudo consiste apenas em purificar, a chance de nos livrarmos de coisas que não interessam e estar desimpedidos para Deus.

> Depois, alma, vive em função da perda do teu servo
> E que esse anseio intensifique o teu valor;
> Compra termos Divinos vendendo horas de desperdício;
> Sê alimentada por dentro, e por fora não sê mais rica:
> Assim te alimentarás da Morte, que se alimenta dos homens,

E depois que a Morte morrer, não existirá mais morte.

A Paz esteja com você.

Ihaleakala

Quando o dr. Hew Len chegou a Austin e eu fui buscá-lo no aeroporto, ele imediatamente começou a fazer perguntas a respeito da minha vida.

"O livro que você escreveu sobre a sua vida (referindo-se a *Adventures Within*) mostra que você fez várias coisas para encontrar a paz", começou ele. "Qual delas realmente funciona?"

Pensei um pouco no assunto e respondi que todos os métodos tinham valor, mas que talvez o Processo da Opção fosse o mais útil e confiável. Expliquei que é uma maneira de questionar as convicções para descobrir o que é genuíno.

"Quando você questiona as convicções, o que resta?"

"O que resta?", repeti. "O que resta é uma transparência a respeito da escolha."

"De onde vem essa transparência?", perguntou o dr. Hew Len.

Eu não sabia ao certo aonde ele queria chegar.

"Por que uma pessoa pode ser rica e ainda assim ser imbecil?", indagou ele de repente.

A pergunta me pegou de surpresa. Eu queria explicar que a riqueza e a "imbecilidade" não são exclusivas. Não existe nada escrito que diga que somente os anjos são ricos. Talvez a pessoa antipática seja clara a respeito do dinheiro, de modo que ela pode ser rica e mesmo assim ser idiota. Mas não consegui encontrar as palavras certas naquele momento.

"Não tenho a menor ideia", confessei. "Não creio que precisemos mudar a nossa personalidade para ser ricos. Basta termos convicções que aceitem a riqueza."

"De onde vêm essas convicções?", perguntou ele.

Por ter participado do treinamento do dr. Hew Len, eu sabia o suficiente para responder: "São programas que as pessoas adquirem com a vida."

Uma vez mais ele mudou de assunto dizendo que eu sou realmente um autor convincente. Ele estava começando a considerar a ideia de que eu escrevesse um livro a respeito do ho'oponopono.

"Você está pronto para que eu escreva um livro agora?", perguntei.

"Vamos ver o que acontece no fim de semana", respondeu ele.

"Por falar nisso, como vamos organizar o jantar?", perguntei. Eu sempre queria controlar a situação para ter certeza de que me sairia bem e as pessoas receberiam o que desejavam.

"Eu nunca planejo", respondeu o dr. Hew Len. "Confio na Divindade."

"Mas quem vai falar primeiro? Você ou eu? E você tem uma apresentação que quer que eu leia para você?"

"Vamos ver", respondeu ele. "Não faça planos."

Isso me deixou pouco à vontade. Gosto de saber o que esperam de mim. O dr. Hew Len estava me fazendo pisar no escuro. Ou talvez na luz. Eu não tinha certeza na ocasião. Ele prosseguiu dizendo a coisa mais sábia que eu já tinha ouvido até então:

"O que nós, seres humanos, não temos consciência na nossa existência de momento a momento é de uma constante e incessante resistência à vida", começou ele. "Essa resistência nos mantém em um constante e incessante estado de afastamento da nossa Identidade Própria, e da Liberdade, da Inspiração e, acima de tudo, do próprio Divino Criador. Em poucas palavras, somos pessoas deslocadas que vagamos sem rumo no deserto da nossa mente. Somos incapazes de prestar atenção ao preceito de Jesus Cristo: 'Não Resistais.' Não temos consciência de outro preceito: 'A paz começa comigo.'"

"A resistência nos mantém em um estado permanente de ansiedade e empobrecimento espiritual, mental, físico, financeiro e material", acrescentou o dr. Hew Len. "Ao contrário de Shakespeare, não temos consciência de que nos encontramos em um constante estado de resistência em vez de fluxo. Para cada partícula de consciência que experimentamos, pelo menos um milhão se refreia inconscientemente. E essa partícula de consciência é inútil para a nossa salvação."

A noite prometia ser fascinante.

Ele pediu para ver a sala onde haveria o jantar. Era um grande salão de festas no último andar de um hotel no centro de Austin, no Texas. A gerente foi delicada e nos deixou entrar na sala. O dr. Hew Len perguntou-lhe se ela poderia nos deixar a sós no recinto. Ela concordou e se retirou.

"O que você está percebendo?", ele me perguntou.

Olhei em volta e disse: "O tapete está precisando de uma limpeza."

"Que impressões você está recebendo?", perguntou ele. "Não há nada certo ou errado. Você talvez sinta uma coisa diferente do que eu estou sentindo."

Procurei então relaxar e me concentrar no momento. De repente, senti um grande movimento, um cansaço, uma escuridão. Eu não tinha certeza do que era ou do que significava, mas expressei o que eu estava sentindo para o dr. Hew Len.

"A sala está cansada", comentou ele. "As pessoas entram e saem e nunca a amam. Ela precisa ser reconhecida."

O pensamento era um pouco estranho. Uma sala é como uma pessoa? Ela tem sentimentos?

Bem, seja lá o que for.

"A sala está dizendo que se chama Sheila."

"Sheila? A sala tem nome?"

"Sheila deseja ser reconhecida."

Eu não sabia bem como responder a isso.

"Precisamos pedir permissão para realizar aqui o nosso evento", declarou o dr. Hew Len. "Estou perguntando a Sheila se ela está de acordo."

"O que ela está dizendo?", perguntei, sentindo-me um pouco tolo ao fazer a pergunta.

"Ela está dizendo que concorda."

O dr. Hew Len passou a dar explicações. "Certa vez eu estava conversando com as cadeiras de um auditório enquanto me preparava para uma palestra e perguntei a elas: 'Deixei escapar alguém?

Alguém tem um problema que eu precise resolver?' Uma das cadeiras respondeu: 'Um cara que estava com problemas financeiros ficou sentado em mim durante um seminário anterior, e agora estou me sentindo simplesmente exausta!' Assim, *fiz uma limpeza* em relação àquele problema, e pude ver a cadeira se endireitando. Em seguida, ouvi o seguinte: 'Ok! Estou pronta para lidar com a próxima pessoa!'"

O dr. Hew Len agora estava falando com cadeiras?

De alguma maneira eu deixei a minha mente aberta a ouvir mais a respeito desse processo incomum. Ele continuou a explicar.

"O que na realidade tento fazer é ensinar à sala. Eu digo a ela e a todas as coisas que ela contém: 'Vocês querem aprender a fazer ho'oponopono? Afinal de contas, vou partir em breve. Não seria bom se vocês pudessem realizar este trabalho sozinhas?' Algumas dizem que sim, outras que não, e outras ainda retrucam dizendo: 'Estou cansada demais!'"

Lembrei-me de que muitas culturas da antiguidade consideravam todas as coisas como estando vivas. No livro *Clearing*, Jim Path-Finder Ewing explica que os lugares frequentemente têm energias bloqueadas. Não seria louco demais imaginar que salas e cadeiras têm sentimentos. Era sem dúvida uma ideia que expandia a mente. Se a física estiver certa no que afirma, ou seja, que tudo que percebemos como sólido é formado apenas por energia, então falar com salas e cadeiras talvez possa ser uma maneira de reorganizar essa energia em uma forma nova e mais harmoniosa.

Mas as cadeiras e as salas estão de fato respondendo às nossas perguntas?

Eu não estava realmente pronto para isso naquela ocasião.

O dr. Hew Len olhou pela janela e contemplou a silhueta dos prédios contra o céu. Os enormes edifícios, a assembleia legislativa e o horizonte pareceram belos para mim.

Mas não para o dr. Hew Len.

"Vejo lápides", declarou ele. "A cidade está repleta de mortos."
Olhei pela janela, mas não vi os túmulos. Nem os mortos. Avistei uma cidade. Uma vez mais, eu estava descobrindo que o dr. Hew Len usava os dois lados do cérebro em todos os momentos, de modo que conseguia ver estruturas como metáforas e descrevê-las enquanto as divisava. Mas não eu. Eu estava adormecido nos meus sapatos, de olhos abertos.

Permanecemos na sala do hotel durante talvez meia hora. Até onde eu podia dizer, o dr. Hew Len andou de um lado para o outro fazendo uma limpeza na sala, pedindo perdão, amando Sheila e purificando, purificando e purificando.

Em determinado momento, ele deu um telefonema. Disse à pessoa do outro lado da linha onde ele estava, descreveu o local e pediu que a pessoa desse as suas impressões. Ele pareceu estar obtendo uma confirmação das suas próprias impressões. Depois que ele desligou, nós nos sentamos em uma das mesas e conversamos.

"A minha amiga está dizendo que esta sala permitirá que realizemos aqui o nosso jantar desde que a amemos", me disse ele.

"Como podemos amá-la?"

"Diga simplesmente para ela 'Eu te amo'", respondeu ele.

Parecia tolo. Dizer "eu te amo" para uma sala? Mas fiz o melhor que pude. Eu já tinha aprendido que não precisamos efetivamente sentir "eu te amo" para que isso funcione; basta pronunciar as palavras. Foi o que fiz então. Depois que repetimos a frase algumas vezes, começamos efetivamente a sentir amor.

Depois de alguns minutos de silêncio, o dr. Hew Len pronunciou mais palavras de sabedoria:

"Aquilo em que acreditamos individualmente, memórias ou inspirações, exerce um impacto imediato e absoluto em tudo que existe, dos seres humanos aos reinos mineral, vegetal e animal", disse ele. "Quando uma memória é convertida em zero pela Divindade em uma única mente subconsciente, ela é convertida em zero em todas as mentes subconscientes – em *todas* elas!"

Ele fez uma pausa antes de prosseguir.

"Assim, Joseph, o que acontece na sua alma de momento a momento acontece em todas as almas no mesmo momento. É maravilhoso perceber isso. Mais maravilhoso, contudo, é compreender que você pode apelar para o Divino Criador e pedir que ele elimine essas memórias da sua mente subconsciente e substitua-as na sua alma, e na alma de todas as pessoas, por pensamentos, palavras, realizações e ações da Divindade."

Como responder a *isso*?

Tudo que consegui pensar foi: "Eu te amo."

Uma refeição com o Divino

O Ho'oponopono Atualizado é um processo de arrependimento, perdão e transmutação, é uma súplica ao Amor para que anule as energias tóxicas e as substitua com o seu eu. O Amor realiza isso circulando pela mente, começando pela mente espiritual, o superconsciente. Em seguida, ele passa a circular pela mente intelectual, a mente consciente, libertando-a das energias do pensamento. Finalmente, o Amor se dirige à mente emocional, o subconsciente, anulando os pensamentos de emoções tóxicas e preenchendo-os com o seu eu.
— Dr. Ihaleakala Hew Len

Mais de setenta pessoas compareceram ao jantar com o dr. Hew Len e comigo. Eu não imaginara que o interesse nesse mestre fora do comum pudesse ser tão grande. Recebemos pessoas em Austin vindas do Alasca, de Nova York e de outros lugares. Nunca consegui entender por que todas vieram. Algumas estavam curiosas. Outras eram fãs dos meus livros, como o *The Attractor Factor*, e queriam dar o passo seguinte comigo.

Ainda assim, eu não sabia o que dizer. Não sabia por onde começar. O dr. Hew Len parecia estar bem à vontade, seguindo o fluxo. Na mesa em que ele jantou, todos se agarravam a cada palavra que ele dizia. A experiência que se segue é da minha amiga Cindy Cashman (que, por sinal, pretende ser a primeira pessoa a se casar no espaço cósmico; ver www.firstpacewedding.com).

Era sábado, 25 de fevereiro de 2006. Dirigi-me ao centro da cidade em Austin para ouvir a palestra do dr. Hew Len. Sentei-me ao seu lado no jantar. A mensagem dele é que devemos ser 100% responsáveis. Presenciei algumas poderosas mudanças de energia. Uma senhora que estava sentada na nossa mesa não parava de culpar um homem por não ter telefonado para o hospital quando ela teve um ataque de asma. O dr. Hew Len fez uma pausa e disse:

"Estou apenas interessado em você e ouvi que você precisa beber mais água, o que será benéfico para a sua asma."

A energia da mulher mudou imediatamente da culpa para a gratidão. Essa situação me afetou muito porque percebi que eu estava silenciosamente julgando-a ao dizer para mim mesma: "Ela culpa os outros", e costumo ter vontade de me afastar das pessoas que têm essa atitude. O que o dr. Hew Len fez foi pegar a energia negativa e transformá-la completamente em uma energia amorosa e positiva.

Em seguida, retirei da bolsa a minha garrafa de água mineral. Apontando para a água do hotel, eu disse para o dr. Hew Len:

"A água daqui não é muito boa!"

O dr. Hew Len retrucou: "Você se dá conta do que acaba de fazer?"

Quando ele disse isso, compreendi na mesma hora que eu acabara de enviar vibrações negativas para a água. Uau! Uma vez mais, eu me senti grata por me conscientizar do que eu estava fazendo.

Ele estava me dizendo que ele se purifica o tempo todo, ou seja, quando essa mulher estava culpando o homem, o dr. Hew Len perguntou a si mesmo:

"O que está acontecendo em mim que fez com que isso se manifestasse nela? Como posso ser 100% responsável?

Ele envia a sua energia para o Divino e diz:

"Obrigado – eu te amo – sinto muito." Ele ouviu o Divino dizer: "Diga a ela para beber mais água."

Ele também me disse: "Eu sei como fazer a limpeza para que ela obtenha o que precisa e eu receba o que eu preciso."

Ele fala com Deus e Deus fala com eles. Quando eu estiver purificada, verei todas as pessoas como Deus as vê.

Perguntei ao dr. Hew Len se poderia marcar uma consulta com ele, e ele respondeu que não porque o Divino lhe disse que eu já tinha um conhecimento interior.

Essa foi uma bela informação.
No todo, a mensagem que recebi esta noite foi a seguinte:

1. *Presenciei como o dr. Hew Len transformou a energia da mulher, mudando-a de um estado queixoso para um de gratidão.*
2. *Percebi que eu estava julgando a mulher e a água.*
3. *Compreendi o sistema que ele usa para se purificar e que todos devemos utilizá-lo, pois é extremamente poderoso.*
4. *Aprendi que devo dizer "Obrigada" e "Eu te amo" com mais frequência.*

Comecei o jantar explicando espontaneamente como eu ouvira falar no misterioso terapeuta que curara toda uma ala de pacientes que sofriam de doenças mentais. A atenção de todos os presentes estava voltada para mim. Incentivei as pessoas a fazer perguntas enquanto o dr. Hew Len e eu proferíamos um discurso público, à semelhança do que Sócrates e Platão poderiam ter feito, só que eu me sentia mais como uma massa de modelar do que como Platão.

O dr. Hew Len começou dizendo: "As pessoas fazem perguntas como: 'Bem, e as convicções? E as emoções? E isso e aquilo?' Eu não lido com essas coisas. Não lido com bobagens do tipo 'como isso é possível'. Mas vocês vão me fazer essas perguntas, de modo que tenho que lidar com essas coisas! Mas é como quando eu estendo a mão e toco alguma coisa e me queimo; imediatamente afasto a mão. Assim, quando uma coisa acontece, até mesmo antes de ela acontecer, eu já terei retirado a mão.

"É o que aconteceu antes de eu entrar nesta sala – esta sala é sagrada –, antes de eu entrar, conversei com a sala. Perguntei qual era o seu nome, porque ela tem um nome. Em seguida, perguntei à sala: 'Posso entrar na sala?' Ela respondeu: 'Tudo bem, você pode entrar.' Mas vamos supor que a sala tivesse dito: 'Não, você não presta' – desculpem a linguagem. Nesse caso, eu daria uma olhada em mim mesmo e faria o que fosse necessário para que, quando eu entrasse, eu entrasse ouvindo a velha frase sobre os médicos:

'Cura a ti mesmo!' Assim, quero tomar medidas para que eu queira entrar curado, livre de problemas, pelo menos por um momento."

Eu o interrompi para preparar o terreno para todo mundo. Eu queria que todos soubessem quem era o dr. Hew Len e por que estávamos lá. O que estávamos fazendo era espontâneo e desprovido de um padrão. Aconselhei a todos que relaxassem e permanecessem abertos. Com o dr. Hew Len, nunca se sabe o que será dito ou feito.

Ele perguntou a todos por que alguém contrairia câncer de mama. Ninguém soube responder. Ele tampouco. Ele ressaltou que existem milhões de informações circulando em qualquer momento considerado, mas só temos consciência de talvez, no máximo, vinte informações de uma só vez. Esse era um tema recorrente para o dr. Hew Len. Mas era a essência da sua mensagem: não temos a menor ideia.

"A ciência não tem certeza do que está acontecendo na nossa vida", explicou ele. "Até mesmo a matemática não é clara por causa do zero. No final do livro *Zero: The Biography of a Dangerous Idea*, de Charles Seife, este chega à seguinte conclusão: 'Tudo o que os cientistas sabem é que o cosmo nasceu do nada e voltará ao nada de onde veio. O Universo começa e termina com zero.'"

O dr. Hew Len prosseguiu dizendo: "Assim, levei o Universo da minha mente de volta para o zero, onde não existe nenhuma informação. Ouvimos diferentes maneiras de dizer isso: vácuo, vazio, pureza. Não me importa como vocês o chamem. A minha mente retornou ao zero agora. Independentemente do que esteja surgindo, mesmo quando não estou nem mesmo consciente disso, o processo a respeito do qual vou falar é *zerar constante e incessantemente,* para que eu possa estar no zero."

Pude perceber que quase todas as pessoas estavam fascinadas pelo dr. Hew Len, mas algumas ainda estavam, como eu, no escuro. Mas o dr. Hew Len prosseguiu dizendo: "O que acontece é que a criação só pode ter lugar quando a nossa mente está em zero, e isso se chama 'inspiração'. Em havaiano, essa 'inspiração' se chama *Ha*.

"Assim, se você já esteve no Havaí,* a palavra *Ha* significa 'inspiração'. Wai é 'água' e I é 'o Divino'. *Havaí* é 'o alento e a água do Divino'. É isso que a palavra *Havaí* significa. A palavra *Havaí* é em si um processo de limpeza, de modo que quando estou em qualquer lugar e faço uma verificação – digo, por exemplo, antes de entrar na sala: 'O que estou precisando purificar que eu não sei? Não tenho a menor ideia do que está acontecendo, então o que é?' Desse modo, se eu aplicar um processo de limpeza chamado 'Havaí', ele obterá a informações das quais eu nem mesmo tenho consciência e me conduzirá de volta a zero.

"Somente em zero... e uma coisa que vocês precisam entender é que a mente só pode servir a dois amos, um de cada vez. *Ou* ela servirá ao seja-o-que-for que está acontecendo na sua mente *ou* servirá à inspiração. Essa outra coisa é chamada de memória."

A noite estava ficando ainda mais fascinante. A partir desse ponto, o dr. Hew Len aprofundou-se ainda mais.

"Essa inspiração vem da Inteligência Divina, e ela está em *vocês*!! Ela não está lá fora em algum lugar. Vocês não precisam ir a lugar nenhum. Vocês não precisam ir lá! Vocês não precisam procurar ninguém. A inspiração já está *em vocês*! O próximo nível aqui é chamado de superconsciente. É bastante simples. Os havaianos o chamam de *Aumakua*. *Au* significa 'através de todo tempo e espaço', e *makua* quer dizer 'espírito santo ou um deus', o que significa que uma parte nossa é intemporal e uma parte nossa não tem limites. Essa nossa parte sabe exatamente o que está acontecendo.

"Temos então a mente consciente, que os havaianos chamam de *Uhane*. Depois, temos o subconsciente, que os havaianos chamam de *Unihipili*.

"Desse modo, uma das coisas mais importantes é ter consciência da pergunta: 'Quem *sou* eu?' Assim, o que estamos dizendo – o que estou compartilhando com vocês – é que a sua identidade consiste nesses elementos da mente. Mas é importante que vocês saibam que *essa* mente está vazia! Assim, essa mente é *zero*. Então,

---
* Hawaii, em inglês. (N. da T.)

quem são vocês? Vocês são um ser Divino – isso é zero. Mas por que vocês iriam querer ser zero?

"Quando vocês são zero, tudo está disponível! *Tudo!* Então, agora, isso significa que vocês são criados à imagem do Divino. Vou ser claro com relação a isso porque ouço certas coisas, mas quero que *vocês* sejam purificados pelo Divino.

"Então, vocês são criados à imagem do Divino, o que significa que vocês foram criados vazios e infinitos em um dos lados da moeda. Assim que vocês se mostram dispostos a descartar o lixo e ficar vazios, a inspiração imediatamente preenche o seu ser, de modo que vocês ficam livres. Vocês nem mesmo precisam saber que estão livres, porque na maioria das vezes não o saberão. 'Onde está? Onde está? Fui purificado! Vamos lá, diga-me onde está! Eu me esforçarei mais.' Na maior parte das vezes vocês não saberão!

"Quando o intelecto se vicia em ficar emperrado, ele fica ainda *mais* emperrado. É o que os havaianos denominam – desculpem-me a linguagem – *Kukai Pa'a*. Alguém aqui sabe o que Kukai Pa'a significa? Significa prisão de ventre intelectual."

Uma pessoa perguntou: "Mas se eu tenho um problema com outra pessoa, você está dizendo que sou eu, e não a outra pessoa, que precisa ser corrigida?"

"Se você tem um problema com alguém, então *não* é com essa pessoa!" Dr. Hew Len declarou: "Você está *reagindo à memória* que está aflorando. O seu problema é com essa memória, e *não* com a outra pessoa."

"Trabalhei com pessoas que odiavam o marido ou odiavam a esposa. Uma mulher certa vez me disse: 'Estou pensando em ir para Nova York, porque lá terei melhores oportunidades.' Em seguida, ouvi a Divindade dizer: 'Bem, aonde quer que ela vá, é isso que vai junto com ela!'"

O dr. Hew Len explicou então que quando alguém entra em contato com ele para fazer uma sessão de terapia, ele examina a si mesmo e não a pessoa que telefonou.

"Há pouco tempo, por exemplo, recebi um telefonema da filha de uma mulher de 92 anos. Ela disse: 'A minha mãe tem tido fortes dores no quadril há várias semanas.' Enquanto ela estava falando comigo, eu estava fazendo a seguinte pergunta à Divindade: 'O que está acontecendo em mim que me fez causar a dor dessa mulher?' E em seguida perguntei: 'Como posso corrigir esse problema dentro de mim?' Recebi as respostas para as minhas perguntas e fiz o que me foi indicado.

"Mais ou menos uma semana depois, a mulher voltou a me telefonar e disse: 'A minha mãe está se sentindo muito melhor agora!' Isso não significa que o problema não se repita, porque frequentemente existem múltiplas causas para o que parece ser o mesmo problema. Mas eu continuo a trabalhar em mim, não nela."

Outra pessoa indagou a respeito da guerra no exterior. O homem queria saber se era responsável por ela. Mais exatamente, desejava saber o que o dr. Hew Len estava fazendo a respeito.

"Oh, eu me considero responsável!", declarou o dr. Hew Len sem titubear. "Faço a limpeza todos os dias, mas não posso dizer que vou fazer a limpeza e quero que *isso* seja resolvido. Somente Deus sabe o que pode acontecer. No entanto, estou fazendo a minha parte, que é fazer a limpeza, purificando hospitais, por exemplo. Não temos mais no Havaí uma unidade psiquiátrica hospitalar para pessoas que matam outras. Isso não existe! Eu fiz a minha parte da melhor maneira possível. Talvez se eu tivesse feito uma limpeza ainda mais intensa, os resultados tivessem sido melhores. Sou humano e faço o melhor que eu posso."

Pude perceber que o dr. Hew Len estava ficando cansado e senti que ele queria encerrar a noite. Foram momentos extraordinários para todos.

Mas houve uma continuação.

Na manhã que se seguiu ao jantar e à palestra, várias pessoas tomaram juntas o café da manhã, entre elas eu, o dr. Hew Len, Elizabeth McCall (autora de *The Tao of Horses*) e algumas outras. Sempre que estou perto do dr. Hew Len, começo a ficar mais tranquilo interiormente. Talvez eu esteja sentindo o estado zero. Talvez não. Quem sabe?

Mas em determinado ponto, tive a repentina inspiração de programar um evento de fim de semana e chamá-lo de "O Fim de Semana da Manifestação". Não sei de onde surgiu essa ideia. Pelo menos na ocasião eu não sabia. Agora eu sei que foi uma inspiração da Divindade. No entanto, durante o café da manhã, ela me pareceu uma boa ideia que eu não desejava.

Eu estava ocupado com projetos, viagens, promoções, competições de preparo físico e outras coisas. Eu não precisava de mais um item da lista de tarefas na minha programação. Tentei resistir à ideia. Decidi esperar para ver se ela simplesmente iria embora.

Não foi. Três dias depois, ela ainda estava na minha cabeça. O dr. Hew Len me disse que, se uma ideia ainda está presente depois de várias limpezas, devemos agir em função dela. Assim, escrevi o que veio a ser o e-mail mais mal-escrito de toda a minha vida e o enviei para o meu banco de dados de contatos. Para o meu espanto, uma pessoa telefonou e se inscreveu no evento três minutos depois de eu ter enviado o e-mail. Ela deveria estar sentada diante do computador, praticamente esperando notícias minhas.

As demais inscrições foram igualmente fáceis. Eu só queria 25 pessoas no evento. Eram as limitações que eu impusera a mim mesmo, simplesmente porque eu achava que seria mais fácil falar para 25 pessoas do que para 2.500. Além disso, eu nunca apresentara antes esse seminário. Na realidade, eu não tinha a menor ideia de como fazê-lo.

Mencionei a minha inspiração e a minha preocupação ao dr. Hew Len.

"O meu único conselho é que você não planeje nada", disse ele.

"Mas eu sempre planejo", expliquei. "Eu redijo as minhas palestras, crio pontos de destaque e distribuo um resumo para a audiência. Eu me sinto melhor quando sei a direção que estou seguindo nas minhas palestras."

"Você se sentirá melhor quando deixar que o Divino tome conta de você", replicou ele. "Vamos fazer uma limpeza nisso."

Quando ele disso isso, eu entendi que, como o assunto passou a fazer parte da experiência dele, era algo que ele também precisava purificar. Repetindo, tudo é compartilhado. A sua experiência é a minha experiência, e vice-versa, quando temos consciência dela.

Fiz o possível para não planejar o evento. Em determinado momento, entreguei os pontos e cedi ao meu medo, preparando um manual para entregar a todo mundo. No entanto, não o usei e nunca olhei para ele. E ninguém se importou.

Comecei o evento dizendo: "Não tenho a menor ideia do que vou fazer neste evento."

Todo mundo riu.

"Não, estou falando sério", declarei. "Não tenho a menor ideia do que vou dizer."

Todos riram de novo.

Passei então a falar a respeito do dr. Hew Len, do ho'oponopono e de como a afirmação "Você cria a sua própria realidade" significa mais do que todos poderiam ter imaginado.

"Quando existe alguém na sua vida de quem vocês não gostam", expliquei, "foram vocês que criaram isso. Se vocês criam a sua realidade, então também criaram a da outra pessoa."

O fim de semana foi maravilhoso. Mesmo hoje em dia, quando olho para a foto que tiramos do grupo naquele evento, sinto o amor que todos compartilhamos. Você pode ver a fotografia em www.Beyond/Manifestation.com.

Mas isso foi apenas o início para mim.

Eu ainda tinha muito a aprender.

As evidências

Você precisa ficar no escuro para produzir a sua luz.
– Debbie Ford, *The Dark Side of the Light Chasers*

Muitas pessoas passaram por uma grande transformação depois do jantar e do Fim de Semana da Manifestação. Neste capítulo, você poderá ler as histórias verdadeiras delas para ter uma ideia do poder do processo do ho'oponopono.

Eis um relato de Louis Green:

Caro Joe,
Quero agradecer-lhe mais uma vez por ter organizado a noite com o dr. Hew Len. Sou grato também a Suzanne por ter cuidado dos detalhes, inclusive por ela ter encomendado um jantar vegetariano para mim no Hyatt. Gostei muito de ter me sentado com você e Nerissa, e de ter conhecido vocês e as outras pessoas maravilhosas que estavam na mesa.

Eu me senti privilegiado por ter um lugar na primeira fila para ouvir o dr. Hew Len, bem como pela boa vontade e generosidade dele ao me orientar em resposta às minhas perguntas.

As duas semanas que se seguiram àquela noite me trouxeram muitas experiências incríveis, as quais passo a descrever para você com prazer. Uma das coisas que precisei lembrar a mim mesmo é que o dr. Hew Len buscou a purificação com o Divino para me ajudar, de modo que embora eu tentasse aplicar o ho'oponopono com a maior frequência que eu conseguia me lembrar, o que acabou sendo esporadicamente, ainda assim eu estava sendo beneficiado pelas preces dele.

*Recebi o pedido para participar das histórias
do dr. Hew Len logo depois de ouvir a gravação*

A primeira experiência que vou mencionar é o e-mail que recebi de Suzanne solicitando histórias e reações com relação à noite com o dr. Hew Len. Curiosamente, comprei o Life's Missing Instruction Manual e fiz o download da gravação MP3 sua com o dr. Hew Len. Eu tinha literalmente acabado de ouvir a gravação mais uma vez quando encontrei o e-mail de Suzanne na minha caixa de entrada.

*A minha ação judicial teve repercussão
nacional sem nenhuma publicidade*

A segunda experiência é absolutamente incrível. Eu precisava dar entrada em uma ação judicial antes de partir para Austin no dia 23 de fevereiro. Não consegui preparar toda a documentação a tempo de chegar ao correio antes da minha partida, de modo que coloquei o envelope no correio no dia seguinte em uma agência do correio em Austin (24 de fevereiro). Inexplicavelmente, a documentação ficou perdida no correio e só chegou ao seu destino na segunda-feira, 6 de março, quando então o processo foi protocolado.

Faço parte de um Listserv para advogados especializados em direito do consumidor de todo o país. Na última sexta-feira, uma advogada de Connecticut incluiu um breve resumo de um caso que foi protocolado em Canadian County, Oklahoma, e perguntou se alguns dos meus colegas em Tulsa tinham dado entrada nele. Eu quase caí para trás. Era o meu caso. Mandei um e-mail e também telefonei para o escritório dela para saber como ela descobrira o processo. Depois, passei a hora seguinte tentando encontrar alguma coisa no Google, mas não tive sorte.

Ela respondeu ao meu e-mail e disse que assina um serviço on-line chamado Courthouse News Services (www.courthouses news.com), que tem correspondentes (e provavelmente informantes) que acompanham os processos, bem como as opiniões, em todo o país, e informam as ocorrências importantes, significativas ou simplesmente curiosas. A sinopse, em um parágrafo,* apareceu na primeira página do site, na coluna da direita, e eu não enviara nenhuma publicidade sobre o caso. Ironicamente, o pai do cliente estivera no meu escritório mais cedo naquele dia, e precisei tranquilizá-lo afirmando, no fundo do coração, que temos grandes chances de ganhar a ação. Acho absolutamente incrível que, entre milhares de casos protocolados todos os dias, o meu tenha sido noticiado.

Um jantar que organizei no último minuto teve uma taxa de comparecimento recorde

Faço parte do conselho diretor do nosso grupo vegetariano local, e as nossas reuniões mensais ocorrem geralmente no segundo sábado do mês. Quando conversei com a presidente a respeito de um lugar para a reunião de março, constatei que nenhuma providência havia sido tomada. Ofereci-me para cuidar de tudo. Na terça-feira, 28 de fevereiro, dirigi-me ao primeiro restaurante da minha lista e descobri que a proprietária estava fora da cidade e só voltaria na sexta-feira, 3 de março, mas que deixariam uma mensagem para que ela me telefonasse assim que voltasse. Isso não daria certo.

No dia seguinte, quarta-feira, 1º de março, fui até um restaurante tailandês que tinha sido inaugurado havia poucos meses. Conversei com o gerente e perguntei se eles poderiam preparar um

---

* A Yukon Chevrolet e o Fifth Third Bank foram processados por fraude na Canadian County Court, Oklahoma, por um homem de capacidade mental limitada que afirma ter ganhado um prêmio no anúncio de uma raspadinha da Yukon e que, quando apareceu para reclamar o prêmio, foi detido durante cinco horas, submetido a uma intensa pressão de venda e coagido a comprar um novo caminhão, que os acusados não o deixaram devolver no dia seguinte.

bufê vegetariano. Eu lhe disse que, baseado na minha experiência, eu garantia que vinte pessoas participariam do jantar, e que um comparecimento realmente bom seria um pouco acima de trinta pessoas. Ele respondeu que poderiam preparar o jantar, mas que iria querer um depósito de 100 dólares para garantir que não teriam prejuízo se comprassem muita comida adicional e ninguém aparecesse. Escolhi o cardápio, e o preço que ele ofereceu foi excelente: sushi vegetariano, sopa, quatro pratos principais, sobremesa e chá por 8 dólares por pessoa. Ele disse que iria consultar o proprietário, e eu teria que providenciar o cheque do depósito. No dia 2 de março, pudemos confirmar o jantar. Escrevi uma breve mensagem que a presidente poderia colocar no nosso boletim informativo na internet e enviei-o por e-mail para ela. O jantar seria sábado, 11 de março, e pedi o RSVP até quinta, 9 de março, às cinco horas da tarde.

Habitualmente, a presidente envia o nosso boletim informativo alguns dias antes ou depois do primeiro dia do mês. Quase todas as pessoas recebem o boletim por e-mail, e algumas pelo correio. Também o afixamos nas lojas de produtos naturais e bibliotecas da comunidade. Dessa vez, a presidente não teve tempo de enviar um boletim, de modo que basicamente enviou no sábado, 5 de março, o e-mail que eu mandara para ela com o aviso sobre o jantar em lugar do boletim. A informação pelo correio normal seguiu na segunda-feira, e não foram colocados cartazes nas lojas e nas bibliotecas. Eu estava começando a achar que teríamos sorte se vinte pessoas confirmassem a presença no jantar.

Na segunda-feira, os RSVPs começaram a chegar aos poucos. Algumas pessoas responderam. Outros chegaram na terça, de modo que achei que conseguiríamos o mínimo de 13 pessoas que tínhamos garantido com o depósito. No entanto, a partir da quarta-feira, os RSVPs começaram a chegar como nunca acontecera antes. No final do dia, já tínhamos 37 confirmações. Ocorreu-me que poderíamos enfrentar um tipo de problema diferente, de modo que telefonei para o gerente e perguntei a ele qual era a capacidade do restaurante; ele respondeu que eram 65 lugares. As respostas continuaram a chegar na quinta, e quando atingimos o prazo final, estávamos com 55 pessoas confirmadas. Não produzi muito naquele dia no trabalho porque estava agitado demais e concentrado em checar o meu e-mail a cada poucos minutos (fator de atração?). Telefonei para o gerente e perguntei se o restaurante poderia preparar o jantar para todas essas pessoas, e ele respondeu: "Claro que sim."

Tenho aula de cabala às quintas-feiras à noite, por isso só cheguei em casa depois das nove. Chequei a secretaria e os e-mails, e descobri que mais reservas tinham sido feitas. O número de pessoas subiu para 67. Comecei a pensar seriamente no que fazer com aquele excedente. Tive então a ideia brilhante de verificar se eu poderia conseguir que as últimas pessoas que responderam chegassem um pouco mais tarde ao local. Mais respostas chegaram na sexta e no sábado. Atingimos o número incrível de 75 confirmações.

O evento foi um absoluto sucesso! Nem todo mundo que fez a reserva compareceu, e algumas pessoas que não tinham feito a reserva apareceram na hora (típico). A energia no restaurante era incrível, e logo todos os lugares estavam ocupados. Esse fato causou ótima impressão em várias pessoas para quem o bufê tailandês tinha sido o seu primeiro evento. Alguns dos membros mais antigos, que tinham sido sócios fundadores havia mais de dez anos, disseram que essa tinha sido a maior taxa de comparecimento em um evento dos Vegetarians of Oklahoma. O impressionante foi que a quantidade de lugares funcionou perfeitamente. Algumas pessoas que se dirigiram ao local para uma refeição normal tiveram que procurar outra coisa para fazer naquela noite de sábado. O tempo todo houve lugares disponíveis para aqueles que chegaram mais tarde. O pessoal do restaurante ficou compreensivelmente satisfeito porque nunca havia recebido um grupo tão grande.

Milagres no aluguel de carros

Aluguei um carro para ir a Austin porque não queria desgastar o meu. Comparei os preços e calculei que daria no mesmo alugar o carro por uma semana inteira ou apenas de quarta a segunda. Obtive uma boa cotação on-line para alugar um carro médio, que eu achei que seria mais confortável do que um veículo pequeno e econômico. Quando cheguei à locadora, constatei que havia muito poucos veículos no estacionamento. Percebi que havia dois Chevrolets HHR cor-de-laranja, que têm um "visual legal de carro envenenado". Quando me dirigi ao balcão, fui informado de que não tinham nenhum carro médio para alugar. Perguntei se eu poderia alugar um HHR, e eles disseram que sim, mas por alguma razão esses carros eram classificados como grandes. Achei que seria legal alugar um carro cor-de-laranja envenenado para ir a Austin, já que laranja é uma das cores da Universidade do Texas, onde eu estudei.

Entretanto, enquanto eu dirigia o carro até o meu escritório, percebi que, embora o veículo tivesse uma boa aparência externa, o espaço interno era apertado e a linha de visão tinha vários pontos cegos. Tive vontade de devolver o carro, mas eu precisava dele para ir ao escritório e fazer algumas coisas. Seria impossível devolvê-lo durante o dia. Entrei em contato com a locadora e mencionei que gostaria de trocar o carro por um sedã mais convencional, mas me disseram que ainda não tinham disponível o carro que eu queria, e acrescentaram que eu certamente teria mais sorte na manhã seguinte.

Arrumei a bagagem. De manhã, quando fui colocar a minha mala no HHR, descobri, horrorizado, que o carro tinha um amassado visível na porta do lado do carona. É claro que sempre recuso o seguro adicional, e eu não me lembrava de ter visto o amassado no dia anterior, de modo que achei que estava ferrado. Decidi que o melhor que eu tinha a fazer era ir em frente e ficar com o carro durante uma semana para ver se alguma ideia brilhante me ocorria. Saí bem mais tarde do que pretendia, por volta de meio-dia e meia em uma quinta-feira, e cheguei a Austin por volta das seis e meia da tarde da sexta-feira.

Vou dar agora um salto para as cinco horas da tarde de sábado, sessenta minutos antes da hora que eu desejava estar no Hyatt para o evento de Joe e do dr. Hew Len. Eu passara tempo demais me preocupando com o amassado e com o que eu ia fazer. Eu estava em um shopping na zona norte de Austin tentando encontrar inutilmente uma câmera digital descartável. Estava ficando escuro e chovia sem parar quando me dirigi até o carro para voltar para o hotel. Em determinado momento, quando parei e me preparei para entrar em uma rua movimentada, ouvi de repente uma pancada. Alguém batera na traseira do carro. Pensei imediatamente: Merda, primeiro o amassado na porta, e agora isso. Tenho um jantar daqui a uma hora pelo qual já paguei e preciso de tempo para tomar banho e me trocar. Para completar, o trânsito era intenso nessa área, mesmo sendo sábado à noite. Peguei os papéis referentes à locação e saltei do HHR. Topei com um jovem negro na calçada. "Tenho que comprar pneus novos para o carro. Não consegui parar." Não é uma boa coisa para se dizer a um advogado, pensei. Em voz alta, eu disse: "Droga, o carro é alugado!" Caminhamos até a traseira do HHR para avaliar o dano. Nós dois ficamos simplesmente aturdidos. "Não há nenhuma marca!", exclamou o homem. "Não há nenhuma marca. Jesus seja louvado!" Como sou judeu, achei a situação divertida, mas eu mesmo examinei o para-choque e não consegui acreditar. Por incrível que pareça, ele estava certo: não havia nenhum dano. O carro aparentemente era feito de plástico articulado. Eu sabia que eu ia ficar insatisfeito, mas não quis continuar a conversa e criar um caso. Tudo o que eu queria era voltar para o hotel. Demos um aperto de mãos e fomos embora, cada um para o seu lado. Cheguei na hora ao jantar e me sentei na mesa com Joe e Nerissa.

  Usei seriamente as técnicas de ho'oponopono para decidir o que fazer sobre o amassado da porta. Adiei fazer qualquer outra coisa a respeito do assunto até umas duas horas antes do momento em que eu teria que devolver o carro em perfeito estado. Procurei na lista telefônica e encontrei um lugar que consertava amassados sem usar tinta. O cara da loja me deu um orçamento de 95 dólares, mas ele precisava de algumas horas para fazer o trabalho. Isso me faria pagar uma multa por atraso, o que eu realmente não queria que acontecesse. Perguntei o que deveria fazer, e a resposta chegou bem clara. Seja sincero. Telefone para o escritório da locadora e explique a situação. Se eles quisessem me responsabilizar pelo amassado, pelo menos eu teria uma estimativa. Liguei então para o escritório e o cara no telefone me disse que não mandasse fazer o conserto e levasse o carro para a locadora para que eles pudessem examinar os dados do carro e avaliar o amassado. Eu disse: "Ok." Levei então o carro para a locadora e deixei-o estacionado na pista de devolução. A moça do setor de atendimento ao cliente começou a escanear o código de barras e a fazer a leitura das informações sobre o carro. Eu contei a ela o que estava acontecendo, e ela me enviou para o trailer onde ficava o escritório. Encontrei o cara com quem eu falara no telefone, e ele digitou no computador o número de identificação do carro. Milagre II: o amassado já constava na ficha do carro. Eu não era responsável. Viva! Eu estava livre!

Ofereceram à minha irmã o emprego dos seus sonhos

A minha irmã me telefonou uma semana depois do jantar com Joe e o dr. Hew Len. Ela é vice-presidente de uma divisão de uma companhia muito grande e conhecida. Foi procurada por um recrutador de executivos que lhe perguntou se ela estaria interessada no que ela me descreveu como sendo o emprego dos seus sonhos. Ela não quis me dar os detalhes por telefone. Em vez disso, encaminhou-me por e-mail a descrição do cargo que recebera da agência de empregos. Fiquei aturdido. Digamos que a empresa é top de linha, e tudo o que eu teria que fazer seria lhe fornecer uma única palavra, o nome da companhia, e isso contaria a história toda. Alguns meses depois, ela foi contratada!

Eis outro relato:

Quando participei de um seminário de três dias do Landmark Forum* em outubro de 2006, o atalho de Joe para a cura literalmente interrompeu a choradeira que teve lugar durante o exercício chamado "estar com as pessoas", ou algo assim. A fim de "estar com as pessoas" o líder do seminário dividiu 74 pessoas em quatro fileiras, e em seguida nós nos alternamos, uma fileira de cada vez, simplesmente estando com as pessoas, olhando nos olhos delas, sem falar. Eu estava na Terceira Fileira.

O líder do seminário pediu à Primeira Fileira que subisse ao palco e ficasse de frente para nós, a audiência. As pessoas da Primeira Fileira ficaram então olhando para nós. Retribuímos o olhar. Foi solicitado a seguir que a Segunda Fileira subisse ao palco, e as pessoas que faziam parte da Segunda Fileira se colocaram a um passo de distância da Primeira Fileira (de frente para esta última). Elas ficaram olhando nos olhos umas das outras durante três minutos. Foi então solicitado às pessoas da Segunda Fileira que deixassem o palco e voltassem aos seus lugares. Uma vez mais, a Primeira Fileira permaneceu no palco olhando para a audiência, e nós, nesta última, ficamos olhando para as pessoas no palco.

Quanto mais se aproximava a hora de eu subir ao palco, mais eu percebia que estava ficando estressada, mas não tinha a menor ideia de por que isso estava acontecendo. As minhas mãos começaram a suar e também comecei a me mexer, irrequieta, no assento. A tarefa que se aproximava parecia simples. Eu sempre fizera um excelente contato visual durante as minhas conversas com desconhecidos e amigos. Claro que tudo sairia bem.

Lembrei então que no meu primeiro seminário do Landmark o líder do fórum contara a história da sua primeira experiência com esse mesmo exercício. Ele disse que quando participara do exer-

---

* Programa de treinamento da consciência em grupo no qual até 150 pessoas participam, em conjunto, de um seminário que tem como objetivo ajudá-las a alcançar o seu verdadeiro potencial. (N. da T.)

cício, havia mais de vinte anos, os seus joelhos tinham tremido tanto que um assistente do seminário colocara a jaqueta dele entre os seus joelhos para eliminar o barulho.

Ao relembrar o que ele dissera, tive vontade de simplesmente ir embora. Disse aos meus botões que eu não precisava continuar a fazer o exercício, já que eu era extremamente competente no que dizia respeito ao contato visual! Entretanto, ao mesmo tempo, eu sabia que sair do recinto não seria tolerado. Assim, permaneci no meu lugar, suando e me remexendo.

A primeira vez que a minha fileira foi convidada a subir ao palco foi para se colocar a um passo de outra fileira e olhar nos olhos dessas pessoas. Uau! Eu não precisava olhar para cinquenta pessoas. Eu só tinha que olhar para uma!, eu pensei. Assumimos a nossa posição, e o líder do seminário começou a nos conduzir pelo processo de três minutos de autodescoberta. Passei os dez primeiros segundos me debulhando em lágrimas, em uma choradeira ininterrupta, e eu simplesmente não tinha a menor ideia do motivo. Eu não conseguia parar de chorar. Todas as vezes que eu olhava para o meu parceiro diante de mim, eu simplesmente chorava descontrolada. "Terceira Fileira, por favor saia do palco pela esquerda", ouvi. Eu disse então "Obrigada" para o meu parceiro e me retirei do palco.

Que diabo tinha acontecido comigo? Eu deveria ter escutado o que a minha voz interior me disse, mas não ouvi absolutamente nada! Eu estava apenas me sentindo oprimida – sem palavras. Eu não descobri nada! Que tipo de exercício era aquele? Eu estava confusa, constrangida, e deixei para refletir sobre a minha experiência enquanto o exercício continuava diante de mim. "Participantes da Terceira Fileira, por favor levantem-se e encaminhem-se para o palco, pela direita." Que horror! De novo não!, berrou a minha mente.

Agora a minha fileira estava de frente para a plateia. Sobrevivi aos três minutos dessa vez porque simplesmente não olhei para as pessoas que olhavam para mim. Agora, a Quarta Fileira recebeu instruções para subir ao palco, e um novo parceiro estava na minha frente, a um passo de distância do meu rosto. Dessa vez eu estava diante de uma senhora mais velha de aspecto bondoso que sorriu timidamente para mim. "OK. Acho que vou conseguir desta vez", disse aos meus botões. Mas a choradeira recomeçou assim que o exercício teve início. Cada vez que eu olhava para os olhos da minha parceira, as lágrimas começavam a correr e eu virava o rosto. Ela tentou me confortar, dizendo que tudo iria ficar bem. Fiquei envergonhada e confusa por causa do meu choro. O líder do seminário nos orientava a prestar atenção ao que estava dentro da nossa cabeça, ao que estávamos dizendo para nós mesmos. Mas a minha voz não estava se expressando.

Foi então que, de repente, eu me lembrei que poderia preencher a minha cabeça com pensamentos em vez de tentar ouvir os meus pensamentos, já que a minha voz interior não estava mesmo falando comigo. Assim que coloquei na minha cabeça pensamentos melhores do que os que estavam lá, voltei imediatamente a olhar para a minha parceira e pensei: Obrigada. Eu te amo. Obrigada. Sinto muito. Eu te amo. Obrigada. Senti um conforto imediato e me vi invadida por uma enorme consideração e amor pela mulher que estava diante de mim. Eu me senti melhor e a choradeira parou. Eu estava olhando para ela sem que lágrimas descessem pelo meu rosto.

Para minha surpresa, a minha parceira começou a chorar. Lágrimas começaram a deslizar pelo seu rosto, e a cabeça pendeu levemente para trás e para a frente enquanto ela sussurrava: "Agora você está me fazendo chorar." Eu apenas continuei a enviar para ela os meus pensamentos particulares: "Obrigada. Eu te amo. Sinto muito. Por favor, me perdoa. Obrigada." E assim por diante. A minha parceira recebeu então instruções para descer do palco e eu fiquei novamente diante de cinquenta pessoas, que foram orientadas a olhar e avaliar a mim e a minha fileira. Mas agora eu estava totalmente em paz e capaz de olhar para as pessoas que olhavam para mim. Na realidade, eu procurei por elas. Olhei somente para aquelas que estavam olhando para mim. Eu me senti imensamente melhor! Eu podia ser eu mesma com desconhecidos! Eu amava todas as pessoas e realmente, realmente as apreciava.

Logo o exercício foi concluído e o seminário continuou; depois, tivemos um pequeno intervalo. A mulher simpática que fora a minha última parceira me procurou, e conversamos a respeito da experiência. Eu disse a ela que obviamente eu tinha medo das pessoas, mas nunca o tinha percebido. Ela me disse que sentia que tínhamos uma verdadeira conexão e em seguida afirmou que o seminário também a estava ajudando, porque se dera conta de que tinha dificuldade em aceitar o amor dos outros. Bem, nesse momento ficou óbvio que eu tinha que compartilhar com ela a técnica de cura que eu usara para parar de chorar quando estávamos juntas no palco. Ela começou a chorar. Nós nos abraçamos e em seguida nos separamos para dar seguimento ao breve intervalo.

Nerissa Oden
TheVideoQueen.com

Descobri há algumas meses que certa funcionária minha retirara comissões de vendas maiores do que deveria, o que correspondeu a uma perda de centenas de dólares para mim e para a minha pequena empresa. Ela se recusou a assumir a responsabilidade por aquelas ações. É uma funcionária esforçada que não conseguiria outro emprego na nossa pequena cidade onde pudesse ganhar o que ganhava trabalhando para mim. Senti compaixão por ela, mas ao mesmo tempo fiquei muito zangada e magoada. Nos dias seguintes, só consegui falar com ela a respeito de assuntos específicos relacionados com o trabalho e mal fui capaz de olhar para ela. Eu simplesmente não sabia o que fazer. Recorri a Joe, e o que aconteceu a seguir foi realmente impressionante. Ele me agradeceu por entrar em contato com ele. Em seguida, deu-me instruções específicas para que eu purificasse a energia. Primeiro, eu precisava entender que eu atraíra a situação, o que não é fácil de fazer mas é fundamental para o processo. Depois, eu tinha que perdoar a mim mesma, a funcionária e a energia em volta do problema. A seguir eu precisava definir novas intenções para a maneira como eu desejava que a situação fosse e começar a repetir as palavras de cura do dr. Hew Len: "Sinto muito. Por favor, me perdoa. E eu te amo." O resultado foi extraordinário. Escrevi a seguinte nota para Joe depois de concluir o processo:

Querido Joe,
As suas sugestões foram extremamente apropriadas. Depois que as li, precisei ir de carro de Wimberley para Austin, e executei cada passo que você traçou. Foi simplesmente incrível. Levei bastante tempo para compreender que eu verdadeiramente atraíra isso e depois perdoei a mim mesma, a minha funcionária e a energia circundante. Defini novas intenções e repeti aquele fenomenal método de cura havaiana muitas vezes. Cheguei a Austin com a impressão de que uma tonelada de tijolos havia sido levantada do meu peito e do meu estômago.

Depois que segui as sugestões de Joe, a energia mudou completamente dentro de mim. A raiva e a mágoa desapareceram. Foi realmente impressionante. O ambiente de trabalho com a minha funcionária está ótimo agora. Suzanne, se alguém me perguntar se esse sistema realmente funciona, responderei que sim, sem sombra de dúvida!

Victoria Schaefer
Editora, Pedal Ranch Publications
Wimberley, Texas

Eis um depoimento apresentado por Denise Kilonsky, Shreveport, Louisiana.

Este é um sonho que tive em outubro de 2006 que se encaixa perfeitamente no ho'oponopono.
Vi um mundo sem prisões porque elas não eram necessárias em decorrência da filosofia do ho'oponopono. A simplicidade da

mensagem do ho'oponopono que era compartilhada pelo dr. Hew Len, por Joe, por mim e por outras pessoas que o praticam estava sendo compartilhada no mundo inteiro em programas e seminários. Os programas ensinavam as pessoas, especialmente as crianças, a amar a si mesmas e, ao fazer isso, a amar umas às outras.

Vi a mim mesma, no meu sonho, apresentando seminário após seminário, que eram frequentados por vários milhares de pessoas. Nesses seminários, eu inspirava as pessoas a se lembrar de quem elas realmente eram, da sua natureza Divina, e o que fazer para ser essa pessoa – a recordar que a sua verdadeira natureza é amar.

Nesse sonho, vi o jovem membro de uma gangue apontar um revólver para a cabeça de outro membro da gangue, ameaçando atirar. O jovem ameaçado acabara de participar de um seminário meu na escola. Ele não parava de falar a respeito de um milagre e queria que a sua tribo também experimentasse o milagre. Mas eles estavam cansados de ficar ouvindo falar nele!

Nesse seminário, o rapaz se lembrou da sua verdadeira natureza. Ele estava compartilhando a sua revelação com os seus colegas da gangue, e estes se sentiram ameaçados pela mensagem dele porque ela era simples demais e parecia excessivamente fácil e falsa.

No seminário do qual esse jovem membro da gangue participara, ele subiu no palco e deu um tiro na minha barriga. Enquanto eu estava deitada no chão, com o meu sangue e a força vital se escoando do meu corpo, pedi que trouxessem o jovem para perto de mim. Eu o abracei então e sussurrei no seu ouvido: "Por favor, me perdoa. Eu te amo", morrendo em seguida nos braços dele, abraçando-o com cada grama de amor do meu ser. Naquele instante, o jovem entendeu a mensagem. Enquanto abraçava o meu corpo sem vida, ele sussurrou para mim entre soluços e lágrimas: "Por favor, me perdoa. Eu te amo." Naquele momento, a força vital retornou ao meu corpo e fomos ambos inundados por uma bela luz dourada tão poderosa que todas as pessoas que se encontravam na audiência e a quilômetros ao nosso redor puderam sentir o amor que nós dois gerávamos juntos.

Quando essa energia do amor foi percebida por aqueles que ela tocava, ela foi crescendo e crescendo e se espalhou cada vez para mais longe. Mas nem todo mundo estava disposto a reparar nela. O jovem membro da gangue do qual esta história trata, o jovem que agora encostava um revólver na cabeça do seu irmão, não estava disposto a notar e receber o amor. O rapaz que havia sido salvo disse para ele: "Por favor, me perdoa. Eu te amo", e em seguida o abraçou e o amou como se estivesse amando e abraçando as partes mais sombrias de si mesmo.

E então aconteceu! Os dois foram invadidos pelo brilho dourado da energia do amor, e o outro jovem, com calma, percebeu e recebeu o amor que lhe estava sendo oferecido. Quando ele o recebeu, disse para o outro: "Por favor, me perdoa. Eu te amo, irmão. Por favor, me perdoa."

Adivinhe o que aconteceu a seguir?

Os dois foram invadidos por um belo globo dourado de energia do amor, que foi ficando cada vez maior. Quando ele preencheu a sala e tocou em cada membro da gangue – e eles também notaram o amor e o receberam –, a energia dourada do amor se derramou nas ruas e por vários quilômetros ao redor. Quando outras pessoas a percebiam, eles a passavam adiante e essa energia dourada do amor cresceu e viajou para mais longe ainda, até que todo o planeta ficou cheio de amor.

Esta é a Idade do Ouro, a Idade do Amor. É por isso que recebemos a dádiva do ho'oponopono, para nos lembrarmos de quem somos e de que a nossa verdadeira natureza é amar. Tudo que todos nós queremos é ser amados.

É um lindo sonho, não é mesmo? A história do ho'oponopono daria um belo filme. Isso me faz pensar no filme Pay It Forward* *e no impacto que ele está exercendo no mundo. O mundo está pronto para o ho'oponopono.*

---

* Exibido no Brasil com o título *A corrente do bem*. (N. da T.)

Nos primeiros sete dias depois que voltei para casa após participar do primeiro fim de semana de Manifestação de Joe Vitale, mal consegui contar o número de milagres que aconteceram. Absorvi como uma esponja toda a energia, as lições e a mensagem, e os meus resultados continuam a se manifestar com uma velocidade incrível.

Vou citar alguns dos meus resultados tangíveis: novos clientes afluíam para mim. Novos contratos parecem surgir do nada. Tive propostas para vários empreendimentos conjuntos. A minha lista opt-in cresceu em mais de 300% (na ocasião em que redijo estas linhas). Fui convidada para fazer várias apresentações importantes de curta duração como celebridade, e mal consigo acompanhar todas as ideias incrivelmente inspiradoras que surgem inexplicavelmente na minha cabeça.

Quando penso que três meses antes eu era uma desconhecida no meu setor...

Tudo isso aconteceu sem coerção, sem que eu tentasse e sem nenhum esforço da minha parte. Tudo fluiu literalmente com facilidade, sem esforço e em abundância na minha direção. Hoje, quando tenho uma inspiração, ajo de imediato, e fico positivamente impressionada com os resultados.

Tenho usado frequentemente o "método da borracha" para desenvolver exponencialmente o meu negócio, e mal consigo esperar para ver o que vou criar em seguida, enquanto continuo a voltar para o quadro branco e a fazer uma limpeza constante.

Obrigada, Joe e dr. Hew Len!

Eternamente grata,
Amy Scott Grant
http://thesuccessmethod.com
http://newsuccess.org

Joyce McKee escreveu:

No passado, assumi uma nova função: cuidar da minha mãe. Ela deixou a casa onde morou durante muitos anos e se mudou para perto das filhas, em parte devido a algumas dificuldades na nossa vida. Pouco depois, a minha matriarca robusta, firme como um rochedo, foi diagnosticada com insuficiência cardíaca congestiva e câncer de pulmão de pequenas células. De uma maneira maravilhosa e com dignidade, ela optou por viver o tempo que lhe restava com as filhas. Decidiu não se submeter ao tratamento de câncer na sua idade, 88 anos. Assim, os médicos disseram que logo o seu tempo nesta vida se extinguiria.

Em maio, eu compareci ao fim de semana Além da Manifestação, do dr. Joe Vitale, e tomei conhecimento do dr. Hew Len e da sua prática de ho'oponopono. Fiquei fascinada. Ouvir a descrição dos resultados incríveis que ele obteve com os criminosos que sofriam de doenças mentais quando deu um mergulho interior para se limpar e purificar exerceu um forte impacto em mim.

O universo é generoso e apresenta o mestre quando o discípulo está pronto. O momento era perfeito. A minha principal pergunta naquele fim de semana foi: "Como posso ser usada para ajudar a minha mãe no seu processo de morte?"

Eu estava disposta a aparecer e reconhecer para o universo que sou totalmente responsável pela minha vida – por toda a minha vida, inclusive a minha mãe. Usei então o que eu aprendera. Entrei em mim e realizei uma limpeza e purificação constantes.

Os efeitos para a minha mãe e para mim foram simples e ao mesmo tempo refinados. Ela permaneceu lúcida, sem dor e capaz de cuidar de si mesma até o fim. De fato, houve pequenas crises quando ela precisou dos medicamentos fornecidos pelo hospital; no entanto, a minha mãe foi capaz de lidar com essas situações no conforto do lar e não precisou ir às pressas para o hospital. Esses foram momentos de treinamento para a transição que nos prepararam a ambas para a ocasião final em que ela atravessaria para o outro lado.

O maior presente foi o fato de ela ter vivido uma "prorrogação". Ela viveu bem além dos prognósticos. Cada manhã, a minha mãe ficava surpresa ao acordar e me cumprimentava com um alegre: "Vejam só, ganhei mais um dia!" Tivemos tempo para realmente nos prepararmos para a sua transição. Deixei de ter medo do processo da partida da minha mãe. Ela sabia para onde estava indo e eu também. Quando tivemos os momentos tensos de respiração forçada, víamos a graça de Deus e não havia medo. Uau, que presente!

A prática do ho'oponopono, aliada às minhas orações, mudou a minha maneira de encarar a vida. O sentimento de fortalecimento que experimentei e ainda experimento é maravilhoso. Saber que eu posso desempenhar um papel ativo não apenas na minha vida, mas também na vida de outras pessoas, me leva a buscar constantemente, de momento em momento, a Origem do Todo.

Eis outro:

Quando participei do fim de semana da Manifestação em maio de 2006, eu ainda estava sentindo a dor emocional e financeira de um contrato de 1,2 milhão de dólares, com uma empresa de petróleo multibilionária, que degringolou no meio do caminho. Isso aconteceu devido a inúmeros problemas internos da empresa de petróleo.

Depois do seminário, durante todo o percurso de volta para casa, bem como dias a fio depois disso, fiquei repetindo: "Eu te amo. Sinto muito. Por favor, me perdoa. Obrigada." Alguns dias depois de chegar em casa, comecei a me sentir fraca, a espirrar e a tossir. Eu sabia que o meu corpo estava se expurgando.

Pouco depois, conversei com um especialista em marketing, e durante a conversa ocorreu uma mudança dentro do meu corpo e na minha maneira de perceber toda a situação com a empresa de petróleo. Ele simplesmente me perguntou qual era a maior quantia que um cliente me pagava em um ano para ajudá-lo a reduzir as lesões no local de trabalho.

Eu respondi 600 mil dólares, e em seguida ele disse: "Wendy, você está presente. Você pode usar esse dinheiro para construir um império. Quantas pessoas podem fazer essa afirmação?" Em um lampejo fui capaz de enxergar tudo que era bom em vez de tudo que era mau. Em vez de só notar os 200 mil dólares que eles não me pagavam, fui capaz de enxergar o valor contido nos 600 mil dólares que eles me pagavam.

Consegui perceber que enfatizar os aspectos positivos ativava a minha paixão, o que me fazia ter instantaneamente ideias inspiradoras. Uma luz se acendeu e fiquei assombrada com algo enorme que aconteceu dentro de mim. Era como se uma luz ao meu redor se estendesse bem além do ambiente físico imediato.

Durante dois anos eu me comportei como vítima e permaneci zangada com as pessoas na empresa que fizeram o que fizeram, e de repente, em um instante, passei a agradecer a elas.

Pouco depois, surgiu uma dor na minha perna esquerda. Eu não conseguia entender o que acontecera. Tentei de tudo: massagem, alongamento, banhos quentes. Em seguida, procurei um médico da medicina chinesa que "leu" o meu corpo e me disse que eu estivera sob forte estresse e que a dor estava associada ao meu meridiano da vesícula biliar – o meridiano da raiva.

A energia estava imobilizada, o que estava causando a dor. Submeti-me a quatro tratamentos de energia para liberar a raiva que estava presa, e a dor deixou o meu corpo.

O meu corpo se agarrara à raiva que eu sentia da grande empresa de petróleo, e quando a minha maneira de perceber as coisas mudou, o sentimento ficou pronto para sair – só que ele ficou preso!

Meses depois dessa experiência, descobri que o meu contato na empresa de petróleo que recebera ordens para romper o contrato comigo recusou-se a prejudicar outra pessoa e pediu demissão. O departamento foi dissolvido e os serviços que eu prestava estão sendo administrados por outro.

Essa purificação de energia abriu caminho para que eu terminasse o meu e-book e lançasse o meu novo site: www.getinsideyourcomfortzone.com. O lançamento do e-book criou oportunidades que eu não cogitara.

Eu tinha o sonho de ensinar as pessoas a se livrar da dor causada pelo trabalho no computador. Estou tendo a oportunidade de ser a ergonomista de três sites populares (até o momento), de responder a perguntas sobre ergonomia e de comercializar o meu e-book, serviços e outros programas.

Empresas de tamanho ideal estão me chamando para prestar consultoria aos seus funcionários para ensiná-los a se livrar da dor. Mantenho os contratos pequenos e breves, para ter tempo de desenvolver todas as novas inspirações que continuam a me ocorrer.

Além disso, estou ensinando agora a Lei da Atração como coach *registrada e habilitada de atração estratégica no site www.theuniversallawofattraction.com.*

A mudança radical pela qual passei pouco depois do fim de semana estava decididamente associada ao ho'oponopono. Ele me ajudou a remover o velho e abrir espaço para o novo. Não existe nenhuma outra explicação.

Wendy Young

Eis outro depoimento:

Na condição de intervencionista, um dos maiores obstáculos que eu ajudo os clientes a eliminar ou transpor é o drama. Em A profecia celestina, *de James Redfield, encontramos a definição do conceito de "dramas de controle": "Precisamos enfrentar o nosso jeito particular de controlar os outros. Lembre-se de que a Quarta Visão revela que os seres humanos sempre se sentiram carentes de energia e têm procurado controlar uns aos outros para adquirir a energia que circula entre as pessoas." Incorporar este conceito a um modelo mais intervencionista conferiu à minha técnica uma certa intuição nos casos em que os clientes se desviaram do seu propósito ou resultados.*

Joe Vitale foi a pessoa que me apresentou o ho'oponopono, embora ele talvez não saiba disso. Assim, por um lado, tenho o conceito do drama ou dos dramas de controle, e na condição de intervencionista necessito de uma ferramenta equilibradora a fim de não apenas compreender o cliente mas também ajudá-lo a voltar a usar plenamente os seus recursos.

"Voltar para zero" era o equilibrador que eu ainda não tinha acomodado perfeitamente antes que o dr. Vitale me conduzisse ao mundo do dr. Hew Len. No mundo ocidental, especialmente nos Estados Unidos, tanto a nossa cultura predominante quanto as suas mensagens difundidas estão ajustadas para fazer com que avancemos em direção à ofuscante gratificação instantânea do mundo obcecado pelo consumo em que vivemos. "De zero para 100" não poderia ser um slogan mais perfeito para definir a atividade emocional de um mundo viciado no consumo.

O que o ho'oponopono me ajudou a entender é que a cura e a verdadeira realização acontecem quando nos locomovemos "de 100 para zero". Muitas noções metafísicas incluem a ideia do "desapego", mas esse nunca me pareceu um conceito completo ou perfeito para mim. Em alguns casos, alcançar o perfeito desapego me parecia simplesmente tolo. Agora, contudo, com a volta ao estado zero, realmente compreendo a dinâmica do desapego e como chegar lá.

Faz dez meses que tive a sorte de conhecer o dr. Hew Len quando Joe o entrevistou no terraço do Hyatt que dá para o rio Colorado. Muita coisa se transformou em mim e na minha vida familiar. Os meus pais, sogros e cunhados começaram repentinamente a efetuar grandes mudanças nos seus padrões e a descobrir que tornaram os seus sonhos realidade em uma grande escala. Os meus sogros compraram uma casa de meio milhão de dólares para morar depois de aposentados em um dos lugares mais tranquilos em que já estive (perto da casa de Joe). A minha mãe lidou com obstáculos *físicos e emocionais, e acabou se casando novamente e ficando muito entusiasmada com seu romance maduro. Tive, de repente, uma mudança no meu fluxo de renda em uma área de atividade que não permitia que eu cultivasse e demonstrasse as minhas principais qualidades. O meu pai de 72 anos de idade finalmente interrompeu a rede de negócios que o obrigava a viajar de Houston para Prudhoe Bay, no Alasca (a quinta cidade mais setentrional do mundo), a cada seis semanas. Um dos meus amigos mais antigos eliminou completamente uma vida de hábitos arraigados e veio para Austin, onde está atualmente desenvolvendo a sua própria empresa e vivendo um paradigma totalmente diferente. O meu cunhado finalmente está de mudança para sua própria casa. A minha cunhada e o marido estão se mudando do subúrbio para a casa dos seus sonhos. A minha afilhada, que começou a cursar o ensino médio este ano, já apareceu em uma série no horário nobre da televisão e foi escolhida como Homecoming Queen.* E acabam de oferecer à mãe dela a oportunidade de negócios mais lucrativa da sua vida. Tudo isso começou e produziu resultados a partir de fevereiro de 2006, quando ouvi falar pela primeira vez no ho'oponopono. De repente, a minha vida cotidiana está novamente repleta de experiências exuberantes e divertidas, depois de eu ter passado os últimos 17 anos sendo sério e melancólico.*

A vida é um hábito, de modo que tenho adquirido o hábito de uma vida de qualidade.

Não sou de modo algum um especialista em ho'oponopono. Tudo é ainda muito novo para mim, e não vou prever aonde ele conduzirá a minha experiência de vida. Sou grato ao dr. Vitale por revelar o mundo do ho'oponopono por meio da apresentação que o dr. Hew Len fez há poucos meses. Seja na vida pessoal com a minha bela esposa ou na vida profissional, chegar ao estado zero, ter 100% de responsabilidade, o pedido de desculpas e o

---

* Rainha de uma festa oferecida aos antigos alunos da escola ou universidade. (N. da T.)

perdão são escolhas poderosas que exerceram um impacto poderoso na minha vida. Obrigado, Joe, e obrigado, dr. Hew Len.

Bruce Burns
www.YourOwnBestGood.com

---

*Caro Joe,
Gostaria de lhe agradecer de todo coração por ter trazido o dr. Hew Len a Austin. O programa foi maravilhoso e me proporcionou uma nova maneira de entender a vida e a maneira como as leis universais governam a nossa saúde e a nossa felicidade. Permita-me desenvolver essa ideia.*

Em primeiro lugar, quero dizer que não sou certamente um especialista na prática do ho'oponopono. Perdoe-me, portanto, se estou enxergando coisas demais no que foi compartilhado, mas eis o que depreendi da experiência daquela noite.

O dr. Hew Len falou bastante a respeito de uma coisa muito preciosa para o meu coração: a arte de ir para o estado zero. Na realidade, isso parece ser um ponto de destaque do ho'oponopono. Pratico artes marciais e sou professor de chi kung há muitos anos, e passei a considerar a capacidade de limpar e esvaziar a mente (ir para o estado zero) um dos maiores dons conhecidos da humanidade.

O dr. Hew Len nos fez lembrar da importância de viver em um estado de abertura, purificando as nossas reações interiores e indo para o estado zero. Concordei plenamente com a perspectiva dele em relação à vida e fiquei emocionado por conhecer outro ser humano neste planeta que compartilha as verdades que passei a amar.

Na arte e na prática do chi kung (exercício de energia da arte marcial interior), existe uma maneira muito específica de respirar e fazer circular a energia interior do nosso corpo. Os antigos mestres das artes marciais descobriram que existem leis universais atuando dentro do nosso corpo, e quando aprendemos a deslocar a nossa energia interior de maneira circular podemos criar níveis elevados de uma energia vigorosa e elevar profundamente a nossa consciência. Esse processo é frequentemente chamado de órbita microcósmica.

(Basicamente, inspiramos e dirigimos para baixo a energia da força vital existente dentro da respiração em direção à região inferior do abdômen: uma área conhecida como Dan Tien. Em seguida, fazemos a energia subir pela coluna vertebral e finalmente a levamos de volta para a frente do corpo. Esse processo contínuo cria uma órbita microcósmica dentro do nosso corpo energético, estimulando positivamente a nossa saúde e a nossa consciência.)

Quando o dr. Hew Len utilizou um diagrama para explicar o Ho'oponopono e mostrar de que maneira a comunicação e a consciência entre as pessoas fluem melhor em um sentido circular, fiquei imediatamente impressionado com a sua semelhança com a órbita microcósmica. Na realidade, foi emocionante constatar como o universo funciona com círculos de uma maneira que eu nunca percebera antes.

O diagrama que ele desenhou me fez compreender que na maioria das vezes tentamos nos relacionar com as pessoas de uma forma linear bidirecional. Conversamos uns com os outros; discutimos, negociamos, criticamos e assim por diante – e tudo isso tem lugar em um sentido horizontal.

Entretanto, pude perceber que, ao avançar em uma direção completamente diferente, poderíamos provocar uma mudança maior e estabelecer uma ligação mais profunda com outro ser humano – essa direção era um círculo. Para mim, o diagrama do dr. Hew Len mostrou que se formos primeiro para o estado zero – bem abaixo da camada consciente da mente – podemos nos desfazer das nossas reações e dos nossos apegos ao que estamos percebendo. Podemos então começar a ascender em direção ao estado superconsciente e, com o tempo, entrar em contato com a consciência Divina. O Divino pode conduzir a nossa intenção clara e amorosa para a outra pessoa, basicamente se infiltrando de modo furtivo pela porta detrás da mente consciente dela, possibilitando uma conexão e um relacionamento puros e não-filtrados.

Tudo que posso dizer é que o processo funciona como nenhuma outra coisa jamais funcionou. Na semana passada, por exemplo, eu estava em uma reunião de negócios e a pessoa do outro lado da mesa estava pedindo coisas que eu inicialmente achei que eram injustas e egoístas. Percebi que eu estava me contraindo interiormente, e lembrei-me do diagrama e das vantagens do sentido circular, de modo que decidi parar de lutar e simplesmente me entregar ao momento.

Entrei primeiro em contato com a minha respiração e fui para o estado zero. Interiormente, senti que a minha consciência estava sendo positivamente estimulada (exatamente como no exercício de chi kung que descrevi) e a minha disposição mudou de imediato. Se eu tivesse expressado o que eu estava sentindo por dentro, teria dito o seguinte: "Eu o amo e o apoio. Por favor, me perdoe por ter sido duro com você. Como posso ajudá-lo a se sentir seguro e fazer com que ambos obtenhamos o que desejamos?"

Em seguida, algo incrível aconteceu. O meu amigo (eu já não estava vendo a pessoa como um inimigo ou uma ameaça) começou a mudar, tornando-se muito mais aberto e receptivo, como se tivesse parado de se debater com um conflito interior. Passados 15 minutos, encontramos uma solução para o nosso dilema anterior, uma solução perfeita para ambos e que eu nunca teria sido capaz de conceber no meu estado de espírito antigo.

À medida que os mistérios da vida se expandem, começamos a perceber como tudo está interligado; tudo é oriundo de leis universais, e uma dessas leis são os círculos. Lembro-me de que você disse, no filme O segredo, que "o universo aprecia a velocidade". Eu gostaria de acrescentar que o universo também gosta dos círculos, ☺ ☺ e a vida certamente flui com muito mais suavidade quando sabemos o sentido em que o círculo deseja seguir.

Assim, mais uma vez muito obrigado, Joe. O diagrama que o dr. Hew Len usou para explicar o Ho'oponopono me tem sido extremamente útil. Ver esse processo em um diagrama me conferiu um grande vislumbre e uma maravilhosa ferramenta que posso usar quando estou tentando forçar as coisas em vez de diminuir o controle e reagir às situações a partir do estado zero.

Calorosamente,

Nick "Tristan" Truscott, Sensei
www.Sensei.Tristan.com
www.AllWaysZen.com

Todos os dias, desde o fim de semana da Manifestação em maio, eu repito: "Eu te amo, sinto muito, me perdoa, obrigada."
   Nada que possa ser na verdade facilmente observado, catalogado ou aplaudido mudou, mas a minha vida atualmente está maravilhosa.
   É claro que eu gostaria de ser muita rica para poder visitar as minhas filhas e a minha família em Queensland, e o meu irmão em Paris, e também proporcionar ao meu marido a viagem de trem dos seus sonhos. E gostaria que os meus romances fossem lidos no mundo inteiro. Mas essas seriam dádivas secundárias em comparação com o que eu tenho agora.
   A mudança invisível é incrível. Quando eu digo "Sinto muito", realmente me sinto responsável pelo que quer que esteja na minha consciência no momento. Não consigo mais me separar das pessoas que discordam de mim.
   Nunca me senti tão ligada a tudo.
   Sinto muito o que estou fazendo no Iraque, por exemplo. Detesto dar telefonemas, mas estou telefonando para o país inteiro para o caso de eu poder mudar o que estou fazendo no Iraque. Isso me ajuda a ficar curada.
   Como sinto que sou perdoada, sou muito grata.

BLECAUTE NA DEER CANYON ROAD

Final da tarde – silêncio repentino
A ausência do zumbido elétrico
pode ser humanizante
Eu me senti eletricamente viva

Todos os aposentos de todas as casas
sem energia elétrica
para baixo e para cima na rua
Nenhuma notícia de que a luz estaria sendo restabelecida

Nós nos banhamos na banheira de hidromassagem
jantamos queijo e vinho ao ar livre
conversamos aos sussurros
e observamos as estrelas

Um blecaute na Deer Canyon Road
Em Arroyo Grande, Califórnia –
fora do comum, exuberante – nem um pouco parecido
com um blecaute em Buffalo ou em Bagdá

Evelyn Cole
The Whole-Mind Writer
http://write-for-wealth.com

Depois que tomei conhecimento do ho'oponopono por intermédio do dr. Hew Len e do dr. Vitale, descobri que devo me purificar constantemente. Quando eu me purifico e volto ao estado zero, tudo corre suavemente nos meus negócios. Estou constantemente fazendo uma limpeza e voltando ao estado zero, como o dr. Hew Len me ensinou a fazer.

Levei uma colega do trabalho para conhecer o dr. Hew Len e o dr. Vitale. Descobrimos que tínhamos tanto em comum que saímos para jantar naquela mesma noite. Oito meses depois estamos mais apaixonados do que nunca. O segredo é estar ao lado de pessoas com ideias afins, perdoar e transformar. Obrigado, dr. Hew Len e dr. Vitale, por trazer o Ho'oponopono para uma audiência maior. Agradeço também pelo lugar perfeito para encontrar o amor da minha vida.

Chris "The Prosperity Guy" Stewart
www.TheProsperityGuy.com

A ida de carro para Austin pareceu umas férias depois de eu estar meses viajando com o show. Deixar Houston para trás foi mais do que um afastamento de 24 horas do universo todo-abrangente de uma produção em trânsito. Foi o intervalo de uma noite de avaliação que reordenaria a minha realidade mesmo antes do início da palestra do jantar que o dr. Joe Vitale tinha organizado.

Já haviam se passado meses depois da última vez que eu ouvira uma das palestras sobre ho'oponopono do dr. Ihaleakala Hew Len – um ano e meio, para ser mais exata. Embora não conhecesse Joe Vitale, estava grata pelo fato de ele ter trazido Ihaleakala a um local ao qual eu pude ir de carro e participar do evento em Austin.

Enquanto o cenário em transformação e pequenas cidades do Texas deslizavam pela janela do carro a caminho de Austin, pensamentos sobre outras palestras a respeito do ho'oponopono vieram à tona, e coisas das quais eu me esquecera voltaram a ocupar a minha cabeça. Recuei no tempo para a primeira de muitas vezes que eu ouvira Ihaleakala falar, e eu sentira um arrepio na coluna quando ele leu a Prece de Abertura em havaiano. Lembro-me de como consegui o contrato de um livro duas semanas depois de fazer o meu primeiro treinamento de ho'oponopono. Praticamente tudo o que fiz foi comparecer a uma convenção de editoras, conversar e deixar o meu cartão. Dois dias depois, um editor me telefo-

nou e me pediu que sugerisse ideias para um livro que estavam preparando. No fim do mês, o contrato era meu.

À medida que a distância para Austin diminuía, também refleti sobre certa ocasião, seis meses antes, quando um veterinário em Montreal me deu a má notícia de que a minha querida gata Maya estava com linfoma intestinal. Era bastante provável que ela não saísse mais da clínica. Quando Maya teve alta, o veterinário me disse que, com sorte, eu teria algumas semanas para "me despedir dela". Entrei em contato com Ihaleakala e pedi a ele que me ajudasse com uma limpeza especial, alguma coisa que purificasse o que quer que essa preciosa criatura tivesse contraído de mim. Quinze meses se passaram depois do diagnóstico de Maya. Eu mal poderia imaginar, no momento em que eu estava preparada para a sua iminente partida, que meses e quilômetros depois ela ainda estaria me acompanhando nas viagens.

Ver Ihaleakala novamente em Austin foi como respirar na superfície depois de ter estado embaixo d'água, uma dessas experiências de "estar de volta no mundo". Entretanto, também foi uma imersão imediata na prática que mais alterou a minha vida nos 25 anos em que investiguei o budismo, as tradições espirituais celtas, a psicoterapia tradicional, a análise dos sonhos (e eu era boa nisso), o trabalho com a energia e até mesmo Wicca.

E lá estava eu em Austin, novamente frente a frente com o Ho'oponopono, uma filosofia, uma tradição, que praticamente passa uma esponja nas práticas, procedimentos e intermináveis atividades analíticas que estudei diligentemente por um longo tempo antes dela – no esforço de compreender e corrigir a mim mesma, e viver a vida que vim viver neste planeta. Devo admitir que uma parte de mim estava pronta para saltar no meio daqueles que não haviam encontrado o ho'oponopono antes e dizer a eles: "Eu já faço isso", mas comecei a fazer a limpeza e as (memórias) absurdas se dissiparam.

Antes mesmo de o dr. Vitale apresentar Ihaleakala naquela noite, uma revelação me atingiu como um raio, fazendo com que eu saltasse da mesa onde estava sentada e corresse para o banheiro, reprimindo as lágrimas. Naquele momento em Austin, em uma sala com vista para os arranha-céus da cidade, o ho'oponopono envolveu o meu ser e eu tive um momento de clareza quando tive certeza de que não queria mais ficar viajando, independentemente do que acontecesse. Seis semanas depois, Maya, a gata, e eu estávamos viajando para oeste com destino a Los Angeles, para uma nova casa em Topanga Canyon que surgiu bem a tempo da nossa chegada quando a pessoa que ia alugá-la decidiu, de repente, deixar de fazê-lo.

Mais sete meses se passaram e, na semana passada, enquanto eu oscilava à beira de outra mudança significativa, li uma frase que Ihaleakala escreveu: "O zero é a base de operações." Fiz uma limpeza e saltei da borda de outra existência como se já a conhecesse e, agora, posso afirmar que não caí.

Obrigada por esta oportunidade de compartilhar as mudanças, revelações e reflexões a respeito do ho'oponopono que brotaram da minha viagem a Austin em fevereiro.

POI

Elizabeth Kaye McCall

Antes de tomar conhecimento do método e aplicá-lo, eu estava tendo problemas em muitas áreas da minha vida: tinha um marido que não acreditava nem em mim nem na minha capacidade de desenvolver uma atividade próspera, uma atividade que estava longe de ser bem-sucedida, e a sensação de que eu estava sozinha em busca de sonhos e metas mais vastos.

No fim de semana com Joe no qual aprendi o método, conheci uma jovem que tinha interesses e objetivos semelhantes aos meus e decidimos abrir juntas um negócio. O empreendimento alcançou enorme sucesso e a minha atividade que claudicava passou a prosperar em apenas dois meses. Estamos trabalhando no nosso próximo projeto. Tenho a sensação de que somos grandes amigas há anos e não apenas há poucos meses. A melhor mudança, e a mais importante, foi que até mesmo antes de o negócio deslanchar o relacionamento com o meu marido mudou em apenas poucas semanas. Eu usava o método sempre que sentia um mal-estar no meu relacionamento e, de repente, o meu marido começou a reler os meus e-books, a responder às minhas perguntas e a compartilhar a sua própria experiência. Ele assumiu mais responsabilidade no trabalho e agora tem um sentimento renovado de orgulho e amor por si mesmo, o que exerceu enorme impacto na nossa relação!

Tenho uma confiança inabalável em mim mesma e no que se expande diante de mim, enquanto apenas pratico um método simples durante alguns minutos por dia.

Obrigada!

Karrie King
Autora de The Red Hot Bedroom *(www.redhotbedroom.com)*
Criadora de Joyful Spaces *(www.joyfulspaces.com)*

Ho'oponopono recua no tempo

Sou amante dos animais.
Uma grande amante.
Não me importo ou me preocupo apenas com os meus; amo todos eles.
Anos atrás, um amigo me indicou o The Animal Rescue Site em www.theanimalrescuesite.com.
Você pode custear comida para os animais nos abrigos entrando nesse site e clicando no botão "Feed an Animal in Need".*
Cada clique fornece 0,6 tigela de comida aos animais famintos. Para fazer diferença, basta um clique por dia. Visito esse site há cinco anos todos os dias, sem falta.

---

* Alimente os Animais Necessitados. (N. da T.)

Certo sábado pela manhã, eu estava deletando os meus e-mails e me sentindo bem por estar cumprindo o meu papel no mundo – "alimentando os animais necessitados". Foi quando reparei em uma foto que tinha sido colocada por um dos patrocinadores do site.

O que eu vi foi um animal em uma jaula tentando morder as barras para fugir. Ele parecia tão fraco e esquelético que nem mesmo todo aquele belo pelo macio e felpudo era capaz de dissimular o seu sofrimento. Na realidade, ele parecia tão terrivelmente atormentado que nem mesmo consegui discernir que tipo de animal ele era! Um urso? Um racum? Sinceramente, eu não sabia dizer. Na verdade, eu não queria olhar mais de perto. O meu medo me disse que, se o fizesse, eu só iria estar lembrando a mim mesma da imensa dor que existe no mundo e de que havia muito pouco que eu pudesse fazer a respeito. Ainda assim, eu sei que não devo olhar para o outro lado apenas para me sentir melhor.

Senti uma necessidade incontrolável de saber mais. Eu conseguia ouvir o animal me chamando, me pedindo para despertar e prestar atenção. Ao fazer um exame mais atento, descobri, horrorizada, que eu estava olhando para ursos capturados, presos em jaulas por dezenas de anos a fio.

Os ursos vivem em jaulas pouco maiores do que eles próprios para facilitar a "ordenha". A bílis é extraída através de um corte feito no abdômen do urso e aprofundado até a vesícula biliar, onde a bílis é armazenada depois de ser segregada pelo fígado através do ducto hepático. Um tubo é inserido nessa abertura para retirar a bílis, ou uma vareta de aço é empurrada para dentro da vesícula biliar, e a bílis escorre então para uma bacia. São extraídos entre 10 e 20 ml de bílis de cada urso duas vezes por dia. A WSPA* [Sociedade Mundial de Proteção Animal] relata que, durante a fase da extração da bílis, investigadores viram ursos gemendo, batendo com a cabeça nas grades e mordendo as patas. A taxa de mortalidade está situada entre 50 e 60%. Depois de alguns anos, quando param de produzir bílis, os

---

* Sigla do nome em inglês: World Society for the Protection of Animals. (N. da T.)

ursos são transferidos para outra jaula, onde são abandonados para morrer ou abatidos para a retirada das patas e da vesícula biliar. As patas de urso são consideradas uma iguaria. (http://en.wikipedia.org/wiki/Bile_bear)

Fiquei literalmente enjoada e tive o ímpeto de soltar a minha raiva sobre esses caçadores ilegais ignorantes. Precisei de toda a minha disciplina para lembrar a mim mesma que a vergonha e a culpa nunca modificam uma pessoa e que, felizmente, graças ao dr. Joe e ao dr. Hew Len, eu poderia agora aplicar um recurso muito melhor: o ho'oponopono.

Comecei a recitar as frases: "Sinto muito. Por favor, me perdoa. Eu te amo. Obrigada." Enquanto eu repetia sem parar o mantra, visualizei o coração dos criadores de ursos sendo invadido por amor, compreensão e compaixão. Eu os vi ter o seu momento iluminado enquanto as minhas informações passavam por eles e eles entravam em contato com a sua própria percepção. Com o nível de consciência sendo elevado e ninguém além deles para culpar pelo sangue que tinham nas mãos, imaginei essas pessoas caindo de joelhos em total agonia – implorando a Deus e aos ursos que lhes concedessem perdão e misericórdia pela tortura e pelo sofrimento que causaram a essas belas criaturas. Em seguida, eu as vi soltando todos os ursos, e proporcionando-lhes os remédios, os cuidados e a cura de que estavam desesperadamente precisando e, finalmente, libertando-os para sempre.

Muitos de vocês não sabem (como eu não sabia) que a bílis de urso é usada há séculos. Hoje, ela é utilizada no vinho, nos xampus e na medicina.* O enorme peso por trás dessa tragédia não envolveu apenas a cura no momento presente; o meu trabalho de limpeza envolveu recuar no tempo, através das eras. Centenas de anos de sofrimentos precisavam ser remediados.

---

* A prática de colocar os ursos em jaulas para a retirada da bílis é especialmente empregada no Vietnã e na China, pois a bílis de urso é amplamente utilizada na medicina chinesa. (N. da T.)

Essa experiência me deixou esgotada. Naquele dia, não consegui me concentrar em mais nada e não parei de repetir: "Sinto muito. Por favor, me perdoa. Eu te amo. Obrigada."

O peso desse sofrimento global era inelutável e inegável. Fui dominada pela angústia. E eu estava aflita. Era como se fosse eu que tivesse capturado todos aqueles ursos e tivesse comigo a chave das jaulas.

Uma vez por semana, o meu marido e eu fazemos questão de "sair como namorados". Nesse dia, ele me convidou para ir ao cinema. Eu estava atormentada e não estava com vontade de sair. Mas sei que não teria feito sentido responder: "Não, obrigada. Não estou realmente a fim. Estou preocupada com os ursos."

Guardei para mim o meu trabalho de limpeza e concordei em sair com ele. Fomos assistir ao filme 16 Blocks* *com Bruce Willis. Eu nem imaginava na ocasião que o tema do filme estaria em total harmonia com o que eu já estava vivenciando. A mensagem enfatizada no filme era: "As pessoas podem mudar."*

Pratiquei ho'oponopono durante o filme inteiro. Em uma determinada cena, reparei em um ônibus em segundo plano com um anúncio na lateral que exibia a foto de um ursinho de pelúcia que tinha embaixo os dizeres: "Envie Amor."

O meu treinamento anterior me revelaria que se trata de um "sonho desperto". O meu treinamento atual me diria: "Continue a fazer o que está fazendo. Você está no caminho certo!" É assim que o universo fala conosco? Eu gostaria de pensar que é.

Aquilo foi outro lembrete de que os criadores de ursos não precisavam da minha raiva para mudar; precisavam apenas do meu amor. Os ursos precisavam do meu amor. O mundo precisa do nosso amor. O amor muda as pessoas e esta é uma regra que não tem exceções. Enviar amor para uma situação perigosa, desagradável ou abusiva é a única coisa que podemos fazer se estamos procurando uma cura desprovida de drama e uma mudança dura-

---

* Exibido no Brasil com o título *16 quadras*. (N. da T.)

doura. Nem sempre é fácil fazer isso, mas eis a eterna resposta: o amor.

À medida que a minha hipervigilância começou a se acalmar e o dia se transformou em noite, a náusea, a ansiedade, a culpa, a dor e o pesar que eu sentira mais cedo finalmente começaram a ficar menos intensos. Ainda assim, continuei a praticar o ho'oponopono pelo restante da noite até a hora em que adormeci.

Certo dia, relativamente pouco tempo depois, passei pela televisão e ouvi o locutor anunciar um recente resgate de ursos. No fundo do coração eu soube que essa mensagem era dirigida a mim; eu recebera a confirmação de que podemos verdadeiramente fazer diferença em qualquer parte do mundo, independentemente de onde morarmos. E também quando estamos no cinema comendo pipoca e assistindo a um filme.

Obrigada, dr. Joe, dr. Hew Len e todos os que antes de vocês trouxeram a mensagem do ho'oponopono para a nossa vida, a fim de que pudéssemos despertar e conduzir o conhecimento de que temos o poder de curar o mundo e fazer uma diferença. O nosso trabalho aqui apenas começou.

Por favor, permita que sempre nos lembremos de:
Não fazer mal a ninguém.
Amar todas as coisas.
Amar todas as pessoas.
O Ho'oponopono viaja através do tempo...

Suzanne Burns
www.ThankYouth.com

A minha busca da vida inteira
pela cura da asma terminou...

Em uma noite misteriosa, depois de sofrer durante cinquenta anos de asma e alergia, esse problema terminou de forma abrupta e mágica. Data da ocorrência: 25 de fevereiro de 2006.

Mais cedo, naquele mesmo dia, enquanto eu saboreava tranquilamente um almoço texano-mexicano em Austin, senti uma aceleração no meu ser. Foi uma sensação misteriosa, como se alguma coisa estivesse acontecendo e "trabalhando em mim". Uma onda de amor me invadiu e, em seguida, continuei a comer.

Naquela noite, na sala de reuniões do hotel, um tipo de eletricidade invadia o ar, uma vibração inexplicável de entusiasmo. O dr. Hew Len, o orador, acabou vindo se sentar na minha mesa. Durante a refeição, descrevi uma experiência de asma que eu tivera, a qual o dr. Hew Len utilizou mais tarde como um trampolim para a sua palestra.

Bem, eu estava familiarizada com o modelo espiritual huna havaiano, mas não com a metodologia e a filosofia da cura e do perdão na essência da cura, as quais o dr. Hew Len explicou detalhadamente. Ele nos disse que estava trabalhando na limpeza de cada uma das pessoas presentes ao jantar, lendo os nossos nomes e obtendo transparência e "unidade" conosco. Ele faz isso expressando amor por cada pessoa, pedindo perdão por qualquer transgressão consciente ou inconsciente do passado ou do presente da parte dele e dos seus ancestrais, feita a nós e aos nossos predecessores, recuando ao início dos tempos e a formas de vida microscópicas. Uau! É muita coisa para purificar – para que ele e nós possamos retomar o nosso verdadeiro relacionamento com a Divindade.

O dia seguinte revelou o milagre. Fui almoçar com o meu mentor (do Executive Mentoring Program* de Joe Vitale) e a sua esposa, já que eu era de outra cidade e não nos conhecíamos pessoalmente. Tive que percorrer a pé vários quarteirões até o restaurante e percebi que não precisei usar o inalador durante todo o percurso. Esse foi um fato fora do comum e a primeira pista. Eles comentaram que eu havia estacionado o carro muito longe do restaurante, e eu respondi que talvez não sofresse mais de asma e que estava com a impressão de que isso realmente era verdade.

---

* Programa de Aconselhamento Executivo. (N. da T.)

Naquele mesmo dia, à noite, tive o prazer de jantar com o dr. Hew Len e conversamos a respeito da cura do ho'oponopono e de como, por ter sentido o poder dele na minha vida com relação à asma, eu poderia ajudar outras pessoas com o mesmo problema. Ele também falou sobre a importância de beber água antes de cada refeição para eliminar as toxinas e também para eliminar a desordem do ambiente familiar. Inacreditável!

Bem, o que era bom foi ficando cada vez melhor. Já se passaram seis meses, e embora eu tenha tido bronquite, recuperei-me sem tomar remédios. Não tive chiado no peito nem precisei usar o inalador ou tomar qualquer tipo de medicamento para a asma. Depois daquela ocasião, estive horas a fio em casas que têm gatos, cachorros e pássaros e não tive chiado no peito nem precisei usar inaladores. O meu pulmão está completamente limpo e consigo respirar profunda e plenamente pela primeira vez na vida. Uau!

Dr. Hew Len, embora o senhor não chame o que ocorreu de cura nem se considere um agente de cura, e provavelmente diria que o universo e a minha alma são os responsáveis, obrigada, e agradeço também a Joe Vitale por nos trazer o dr. Hew Len e uma noite de magia curativa! Sou eternamente grata.

Martha Snee
www.translimits.com

E aqui está mais um:

Um irlandês encontra aloha

Comecei há dez anos o estudo de mim mesmo por intermédio do ho'oponopono. Tomei conhecimento desse processo havaiano de resolução de problemas depois de estudar durante anos sistemas orientais de cura, artes marciais e o trabalho com a energia.

Passei por um processo que poderia ser chamado de espremedor no que diz respeito à minha busca do que poderia ser interpretado como iluminação, e por ser irlandês, tenho sempre a atitude de "preciso ver para crer". Como fui criado na zona sul de Boston, Massachusetts (em um bairro irlandês da classe trabalhadora de pessoas duronas, onde o barulho de tiroteios e a sirene dos carros da policia eram o canto dos pássaros das áreas pobres da cidade), as chances de descobrir interpretações metafísicas do universo não surgiam com muito frequência. Assim, diante da oportunidade de comparecer gratuitamente a uma palestra, aceitei avidamente a chance de conhecer essa interpretação havaiana da vida.

Descobri uma coisa muito diferente. Muitos sistemas utilizam e deslocam a energia (como peças que se movem em um tabuleiro de xadrez). O ho'oponopono, contudo, me despertou para a maneira com a qual posso apagar os elementos negativos que se manifestam como situações problemáticas dentro de mim mesmo (removendo completamente as peças de xadrez). Fiquei no mínimo curioso. Muitos dos conceitos na ocasião passavam rápido pela minha cabeça, já que todas as ideias eram novas para mim. No entanto, no final da palestra, cheguei à conclusão de que iria dar uma chance às duas ferramentas gratuitas que estavam sendo oferecidas e comecei a utilizá-las o máximo possível durante o dia e também enquanto fazia massagem nos meus pacientes para ver se obtinha algum resultado, seguindo a minha necessidade de ver para crer.

Pratiquei Tui Na no passado, uma forma de massagem medicinal chinesa e, com o tempo, o meu ponto de vista começou a mudar no que dizia respeito ao meu entendimento dos tratamentos. Antes de começar a usar as ferramentas, eu tinha um entendimento rígido a respeito do que estava errado em uma pessoa, baseado nas tradições orientais de energia e dos meridianos. Entretanto, à medida que comecei a usar as ferramentas, reparei que a minha interpretação do como e do por quê haviam mudado e não correspondia à do meu treinamento anterior, pois comecei a tratar áreas que não tinham nenhuma relação com os problemas que os meus clientes relatavam. À medida que fui fazendo isso, os clientes pas-

saram a descrever resultados quase instantâneos para vários problemas. É desnecessário dizer que comecei a lutar com a minha maneira de ver as coisas e passei a presenciar o desenvolvimento de uma visão mais ampla dessa forma de arte havaiana. Na primavera seguinte, participei de um treinamento completo e comecei verdadeiramente a aplicar os métodos e as práticas.

Certo dia, recebi um telefonema de uma antiga cliente minha, psicóloga, que chamarei de J. Ela me pediu que atendesse uma paciente dela com quem estava muito preocupada (chamarei a paciente de F), pois esta tinha um diagnóstico clínico de distúrbio bipolar, tentara várias vezes o suicídio e fora internada algumas vezes em um hospital psiquiátrico para a sua própria segurança. Perguntei a J: "Algum dia fiz mal a você?" Ela riu e disse: "Eu sei que você pode ajudá-la. Você tem que fazer isso. Se não fizer, ela não vai conseguir." Concordei então em fazer o que ela estava me pedindo. No final do telefonema, J também disse que F fora certa vez atacada por um massoterapeuta. Perguntei aos meus botões: "O que vou fazer para ajudar essa mulher?"

Quando voltei para casa nessa noite, fiquei sentado durante algum tempo e me perguntei o que eu poderia fazer. Como eu poderia efetuar uma mudança nesse nível? Depois de alguma introspecção, a palavra ho'oponopono! ho'oponopono! começou a se repetir na minha cabeça como um disco rachado. Comecei então a usar as ferramentas como nunca o fizera antes. Apliquei um enorme esforço antes, durante e depois de cada sessão, sem jamais contar a F qualquer coisa sobre o meu segredo. Durante os nossos encontros, a sala de tratamento ficava repleta de humor, e o ar encerrava uma sensação de paz abundante enquanto eu fazia a limpeza. Resumindo a história, F passou por uma completa reviravolta e é hoje uma mulher produtiva, capaz de lidar com a vida da maneira como esta se apresenta. F é uma prova concreta de que, se assumirmos 100% de responsabilidade, as situações podem efetivamente mudar.

A minha atividade profissional de massoterapia também mudou e avançou, e raramente agora tenho contato físico com os *clientes. Estou atualmente viajando pela vida, deparando com quebra-molas de vez em quando, assombrado com o lugar aonde a limpeza irá me conduzir. Foi simples? Não, mas realmente dou valor a todas as situações que surgiram e me fizeram compreender quem eu sou.*

Depois de atuar durante muitos anos como voluntário para a Foundation of I, Inc. Freedom of the Cosmos, o meu ponto de vista é simples:

Empecilhos sempre surgirão de uma maneira ou de outra, sejam eles problemas em família, o estresse, opiniões ou a guerra, e no início era difícil aceitar esse fato. Agora, em vez de perguntar "Por que eu?" (o que induz uma resposta de culpa), eu digo "Eu sou responsável" (sem culpa), e simplesmente entrego os pontos utilizando as ferramentas e deixo que Deus assuma o controle.

É uma tarefa extremamente árdua. Eu disse árdua? Mas tenho fé de que as coisas estão ficando mais suaves e que simplesmente não conseguimos entender a sua totalidade, porque numerosas realidades coexistem no mesmo intervalo de tempo que o nosso. Não devemos desperdiçar tempo com o como, o por quê ou o quando, e sim apenas com a "ação".

Ao fazer isso, deixamos de ser um obstáculo no nosso próprio caminho. Assim que damos um passo, por menor que seja, para fora de nós mesmos, para culpar, reagir, lastimar, reclamar e assim por diante, perdemos de vista o assunto em questão, ou seja, a nossa chance de abandonar o problema que está dentro de nós. Quando fazemos acusações, ficamos desconectados (como quando não pagamos a conta da televisão a cabo, pimba! Não temos HBO).

A escolha que temos não é ser hipócritas ou ficar deprimidos, mas simplesmente seguir adiante sem fazer julgamentos contrários ao dom mais precioso – o eu.

Se cometo um deslize na limpeza, eu me levanto, sacudo a poeira e recomeço – mais uma oportunidade de ver para crer.

Obrigado.

Brian Om Collins

Como criar resultados mais rápidos

*Não dizemos "Por favor, me perdoa" para o Divino
porque o Divino precisa ouvi-lo; nós o dizemos
porque nós precisamos ouvi-lo.*

— Dr. Ihaleakala Hew Len

Apesar de todos os depoimentos que você leu no capítulo anterior, eu ainda tinha as minhas dúvidas. Eu disse ao dr. Hew Len que nem sempre eu conseguia ver resultados imediatos quando fazia a limpeza. Ele replicou: "Se você pudesse ver o conjunto de resultados da sua limpeza e da limpeza dos outros, você ficaria assombrado. E faria mais limpeza. Você retém os erros do mundo na sua alma, assim como eu os retenho na minha", ele acrescentou. "O discernimento de Shakespeare é realmente incrível: 'Pobre alma, centro da minha terra corrompida / [Escrava] desses poderes rebeldes que te cercam...' [Soneto 146]."

Shakespeare observa que a razão (intelecto) causa a loucura, a confusão e a falta de objetividade:

> Além da razão é perseguido; e assim que é obtido,
> Além da razão é odiado, como uma isca engolida
> Propositalmente colocada para enlouquecer aquele
> que a toma...
>
> Soneto 129

Shakespeare enfatiza o problema das memórias:

> Quando nas sessões de doces pensamentos silenciosos
> Evoco a lembrança de coisas passadas,
> Lamento a falta de muitas coisas que busquei,
> E com antigas aflições renovadas lastimo o desperdício do meu precioso tempo.
>
> . . .
>
> Posso então sofrer pelas mágoas passadas,
> E recontar cada tristeza com o coração pesado
> A triste lembrança de coisas que já sofri,
> E que padeço novamente como se antes não o tivesse feito.
>
> Soneto 30

Morrnah enfatiza o propósito da dádiva da vida da Divindade:

Purifique, apague, apague e encontre o seu próprio Shangri-la. Onde? Dentro de si mesmo.

Shakespeare e Morrnah são mensageiros que oferecem vislumbres sobre o mistério da existência.

Eu era a pessoa mais liberal e tolerante do mundo – pelo menos a pessoa chamada Joe Vitale, ou mesmo Ao Akua. Mas eu ainda não estava compreendendo a essência do que o dr. Hew Len tentava me dizer. Mas perseverei. Lembrei-me do que escrevi nos meus livros anteriores: A confusão é aquele estado maravilhoso que antecede a clareza.

Bem, eu me encontrava nesse "estado maravilhoso".

Muitos terapeutas procuram o dr. Hew Len queixando-se de que estão se sentindo doentes ou achando que não conseguem curar as pessoas que atendem. Consegui me identificar com eles. Comecei um programa de *coaching* de milagres em www.miraclescoaching.com e queria que os meus *coaches* entendessem que a maneira de curar os outros era curando a si mesmos; os outros, na realidade, já eram perfeitos. O dr. Hew Len explicou isso em um e-mail da seguinte maneira:

> Um aluno da turma de Identidade Própria por meio do Ho'oponopono deste último fim de semana em Calabasas, Califórnia, gritou de repente, no meio da sessão da tarde, enquanto eu falava: "Meu Deus. Agora eu sei por que fico enjoado quando pratico a cura com os meus clientes. Tenho deliberadamente assimilado as aflições deles. E não preciso fazer isso. Posso simplesmente fazer uma limpeza nas aflições para que elas vão embora."

O aluno captou parte do discernimento que os "agentes de cura" não captam, ou seja, que o problema não é o cliente. O problema não é o agente de cura. O problema é o que está na mente de Shakespeare quando ele diz que "com antigas aflições renovadas lastimo o desperdício do meu precioso tempo".

O problema são as memórias de erro reencenadas no Subconsciente, no Unihipili, que o "agente de cura" compartilha com o cliente.

A Identidade Própria por meio do Ho'oponopono é um processo de solucionar problemas de arrependimento, perdão e transmutação que qualquer pessoa *pode aplicar a si mesma*. É um processo de suplicar à Divindade que converta as memórias de erro no Unihipili em zero, em nada.

O mesmo acontece com você. As memórias de erro no seu Unihipili são problemas reencenados, estejam eles relacionados com o peso, com o seu filho ou com qualquer outra coisa. E a Mente Consciente, o intelecto, não tem nenhuma dica de como resolver o problema. Na verdade, ela não tem a menor ideia do que está acontecendo.

Por ser este o caso, o ho'oponopono faz um apelo à Divindade interior, aquela que tem o conhecimento, para que ela converta em zero quaisquer memórias que possam estar sendo reencenadas no Unihipili.

É preciso deixar uma coisa bem clara. As expectativas e as intenções não exercem nenhum impacto na Divindade, porque a Divindade fará tudo à sua maneira e no seu tempo.

Embora eu ainda não estivesse entendendo nada disso, compreendi o poder de dizer "Eu te amo". Isso me pareceu bastante inocente. Que dano eu poderia causar se dissesse "Eu te amo" o tempo todo? Nenhum. Na verdade, zero.

O dr. Hew Len explicou certa vez o seguinte: "Para que possamos abrir o caminho para o influxo do Divino, precisamos *primeiro* cancelar as memórias. Enquanto as memórias (bloqueios/limitações) estão presentes no Subconsciente, elas impedem a Divindade de nos dar o *nosso pão de cada dia*."

Comecei a sentir que essa ferramenta "Eu te amo" de limpeza, purificação e obliteração precisava ser compartilhada com o mundo. Como sou um empreendedor competente, pude enxergar um produto neste caso, e conversei com um dos meus parceiros comerciais, Pat O'Bryan, a respeito de produzir um áudio especial do método. Ele logo concordou. Enquanto ele compunha a música, e eu gravava as quatro frases, também escrevi a cópia do site. (Você pode encontrá-la em www.milagroresearchinstitute.com/iloveyou.htm.)

O site e o áudio se tornaram um best-seller para Pat e para mim. No entanto, o que transmitiu uma sensação melhor do que as vendas foi o fato de que estávamos ajudando pessoas a despertar para o poder de um simples processo de limpeza. Imagine a ideia de milhares de pessoas dizendo "Eu te amo"!

Mark Ryan, o amigo que me falou pela primeira vez a respeito do misterioso terapeuta que ajudava a curar criminosos com problemas mentais, também se juntou a mim para criar um produto baseado nas ideias do dr. Hew Len.

Mark e eu desenvolvemos um DVD subliminar. A ideia é tornar a mudança fácil e tranquila. Tudo que você faz é colocar o DVD em qualquer aparelho, relaxar e assistir ao programa. Você vai ouvir histórias contadas por Mark ou por mim, e uma música original. Conscientemente, você verá belos cenários, como ilhas e nuvens. O que não verá conscientemente são mensagens subliminares que reluzem na tela apenas por alguns momentos. Essas mensagens são como telegramas enviados para o seu inconsciente. Elas exibem rapidamente as palavras necessárias para ajudá-lo a se livrar de quaisquer ressentimentos para poder sentir amor. O DVD inteiro foi concebido para ajudar as pessoas a perdoar e amar novamente. (Ver www.subliminalmanifestation.com.)

Esse produto foi desenvolvido para ajudar as pessoas a eliminar os bloqueios negativos dentro de si mesmas. À medida que elas iam se purificando, chegavam mais perto de experimentar a felicidade de viver sem limite.

Comecei a descobrir que eu estava tendo ideias à medida que eu continuava a limpeza. Passei a chamar isso de Marketing Inspirado. No passado eu poderia tentar criar um novo produto combinando ideias ou produtos existentes. Agora, eu estava descobrindo que era muito mais eficaz, e menos estressante, simplesmente deixar que as ideias surgissem. Em seguida, tudo o que eu precisava fazer naquele ponto era agir em função delas. Foi assim que Pat e eu produzimos a gravação "Eu te amo". Foi dessa maneira que Mark e eu criamos o DVD subliminar. A ideia apareceu na minha cabeça e eu agi motivado por ela.

Se você parar para pensar nas implicações do que acabo de expor, talvez fique assombrado. O que estou dizendo é que a purificação permanente é mais importante do que qualquer outra coisa. Quando você faz a limpeza, ideias chegam a você. E algumas delas poderão torná-lo muito, muito rico.

O dr. Hew Len oferece várias maneiras de fazer essa limpeza ininterrupta que ele mesmo criou. Uma delas é um símbolo que chegou a ele em uma dia de inspiração, que é o seguinte:

Ele colocou o símbolo no seu cartão de visita e mandou colocá-lo em adesivos e botões. (Ver www.businessbyyou.com.) A palavra *Ceeport** significa, diz ele, "Limpar, Apagar, Apagar, enquanto voltamos para o Porto – o estado zero".

Como hoje estou convencido de que a limpeza é o único caminho para obter resultados mais rápidos, eu uso *dois* broches. Também coloco um adesivo com o símbolo em tudo: no meu carro, no meu computador, na minha carteira, no meu equipamento de ginástica. Eu o colaria na minha testa se eu não achasse que ficaria muito esquisito. É claro que sempre posso fazer uma tatuagem.

Certo dia, quando o dr. Hew Len veio me visitar para conversar sobre o livro que você tem nas mãos, eu lhe mostrei o meu novo cartão de visita. Um amigo tirara uma foto minha na frente do meu carro novo, um Panoz Esperante GTLM 2005, um carro esporte exótico, montado à mão e fabricado fora de Atlanta. Eu sabia que parecia confiante e provavelmente irradiava prosperidade na fotografia, mas não tinha ideia de como a imagem era poderosa. (Ver a minha foto ao lado de Francine no meu cartão de visita.)

"Esta é uma ferramenta de limpeza", declarou o dr. Hew

---

* Sigla da expressão em inglês: "**C**lean, **E**rase, **E**rase, while returning to **Port**". (N. da T.)

Len depois de examinar o cartão por alguns instantes. "Você pode limpar as memórias e a negatividade passando o cartão de visita sobre as coisas, as pessoas ou você mesmo."

Quer ele esteja certo, quer não, eu certamente me senti melhor em relação ao meu cartão e fiquei mais do que disposto a distribuí-lo para as pessoas. Imediatamente, balancei o cartão sobre o meu corpo para purificar qualquer negatividade que existisse ao meu redor. O dr. Hew Len sorriu e deu uma risada.

Dr. Hew Len disse que o logotipo da empresa para o carro Panoz, uma insígnia original com a imagem de um yin-yang e um trevo de três folhas, também era uma ferramenta de limpeza. Ele fitou as cores vermelha, branca e azul com o trevo verde, e disse que aquilo também era um símbolo poderoso para a limpeza. Como eu amo o meu Panoz e o dirijo bastante, pensar que ele estava me limpando enquanto eu sentava ao volante me fez sorrir.

E a coisa mais bonita a respeito do meu cartão de visita é que ele contém uma foto do meu carro com a insígnia Panoz no capô. Assim, o cartão de visita é uma ferramenta de limpeza duplamente poderosa.

Tenho certeza de que esse tipo de conversa faz com que as pessoas pensem que o dr. Hew Len está maluco. No entanto, quer você ache que ele é louco, quer não, os resultados que eu e outras pessoas estamos obtendo com ferramentas de limpeza "malucas" como o meu cartão de visita ou o desejo dele do Ceeport são genuínos. De qualquer forma, relacioná-los aqui não fará muita diferença se a sua mente for puramente cética. Afinal de contas, ouvir falar em pessoas que colam adesivos Ceeport no escritório para aumentar as vendas provavelmente parece estúpido ou, na melhor das hipóteses, supersticioso. Bem, talvez se trate do efeito placebo: funciona porque você acredita que funciona. Se for este o caso, recomendo que você continue a fazê-lo.

Marvin, por exemplo, um profissional de vendas a respeito de quem você vai ler no próximo capítulo, está batendo todos os recordes de venda de carros de luxo. Ele me disse que cola adesivos Ceeport "por toda parte".

"Eu os coloco debaixo da minha mesa, no teto da sala, no computador, na cafeteira, debaixo dos carros, no showroom, na sala de espera e em inúmeros outros lugares", disse ele. "Tampouco recebo um desconto para comprar os adesivos. Compro centenas deles e os colo em tudo quanto é lugar."

Talvez seja a fé que ele tem na ferramenta de limpeza que a faça funcionar.

Ou talvez seja a ferramenta em si que faz todo o trabalho.

Quem sabe ao certo?

Um médico me disse certa vez o seguinte: "A medicina como um todo envolve apoio e placebos."

Se o meu cartão de visita é um placebo, ele é bem mais barato do que muitos outros.

A minha opinião é a seguinte: se dá certo, faça-o.

Purifique, purifique, purifique.

Como receber mais prosperidade

Eu sou o "Eu".
Owau no ka "I".

O meu segundo seminário com o dr. Hew Len foi diferente do primeiro. Embora a mensagem continuasse a ser a respeito de fazer a limpeza e apagar programas e memórias, a abordagem dele foi ainda mais relaxada e improvisada. Ele começou erguendo uma bola de beisebol e perguntando qual era o objetivo do jogo.

"Fazer um *home run*", respondeu uma pessoa.

"Ganhar o jogo", disse outra.

"Manter os olhos na bola", disse eu.

"Exatamente!", replicou o dr. Hew Len, com o seu forte sotaque havaiano. "Para ganhar o jogo ou fazer um *home run,* é preciso manter os olhos na bola o tempo todo. Mas o que é o beisebol na vida de vocês?"

Todo mundo ficou em silêncio.

"A respiração", respondeu uma pessoa.

"Este momento", disse outra.

O dr. Hew Len percebeu que não estávamos entendendo o que ele queria dizer, de modo que deu uma resposta: "O beisebol é a Divindade", declarou. "Precisamos permanecer concentrados em voltar para zero. Sem memórias. Sem programas. Zero."

Purificando. Purificando. Purificando.

Tudo que você está aqui para fazer é limpar ou não limpar. Você poder escolher tudo que quiser, mas você não decide se recebe ou não o que escolhe. Você confia na Divindade, sabendo que ela fará o que é certo para você. Você acha que sabe mais do que a Divindade? É muito pouco provável. Entregue-se.

Purifique. Purifique. Purifique.

"A minha intenção é ficar em harmonia com a intenção do Divino", disse eu ao dr. Hew Len.

"Bom para você, Joseph."

As intenções são limitações. Você decide que quer estacionar na primeira fila. Essa é a sua intenção. Mas a Divindade lhe fornece uma vaga a um quilômetro de distância. Por quê? Porque você precisa andar mais. Entregue-se.

Purifique. Purifique. Purifique.

Passo mais dois dias com o dr. Hew Len. Treze pessoas estão na sala. Toda a ênfase é em como os problemas ocorrem.

"Vocês sempre terão problemas", declara ele. Resisto à declaração, mas mesmo assim a anoto. Purificar, purificar, purificar.

"Os problemas são memórias que estão sendo reencenadas", diz ele. "As memórias são programas. Elas não são apenas suas. São compartilhadas. A maneira de liberar a memória é enviando amor para a Divindade. Esta escuta e responde, mas da maneira que é melhor para todos, no momento certo para vocês. Vocês escolhem, mas não decidem. Quem decide é a Divindade."

Não entendi. Purifique, purifique, purifique.

Marvin, um homem alegre e sorridente das Filipinas, se levanta e explica que ele vende carros de luxo no valor de 150 milhões de dólares anuais sem tentar vender nada para ninguém. Ele simplesmente pratica uma limpeza permanente.

"Tudo que eu faço é dizer 'Eu te amo' o dia inteiro", explica ele no seu inglês com sotaque. "Faço uma limpeza enquanto ouço as pessoas. Tudo que faço é purificar, purificar, purificar. Estou sempre fazendo uma limpeza."

"Você não tem nenhuma intenção?", perguntei, cético. Imagino que ele esteja pelo menos pretendendo vender carros, já que esse é o seu trabalho.

"Nunca", respondeu ele. Não tenho expectativas. Simplesmente apareço no trabalho e faço a minha limpeza.

Purifique. Purifique. Purifique.

Passei dois dias ouvindo histórias a respeito da limpeza narradas por pessoas como você e eu. Mas tudo é muito difícil de aceitar. Apenas fazer a limpeza e dizer "Eu te amo" e o mundo passa por uma transformação? Vendemos mais carros? Ganhamos mais dinheiro? Não sei não.

"Você é totalmente responsável por tudo", afirma o dr. Hew Len. "Tudo está em você. Tudo. Não há exceções. Você precisa fazer a limpeza, caso contrário não há purificação."

Fazer uma limpeza no terrorismo?

Purificar. Purificar. Purificar.

Fazer uma limpeza na economia?

Purificar. Purificar. Purificar.

Fazer uma limpeza em .... (preencha o espaço em branco)?

Purificar. Purificar. purificar.

"Se faz parte da sua experiência, cabe a você fazer a limpeza", insiste o dr. Hew Len.

Quando faço uma pausa e ligo para casa para ver como estão Nerissa e os nossos animais de estimação, Nerissa me surpreende dizendo que passara o dia preparando uma surpresa para mim. Ela tinha uma longa lista de coisas a fazer. Fazer alguma coisa para mim não parecia provável.

"O que é?", pergunto.

"Uma grande surpresa."

"Diga o que é."

"Você nunca vai adivinhar, nem mesmo em um milhão de anos", diz ela.

"Não me faça adivinhar. Não disponho de um milhão de anos."

Antes de eu lhe dizer o que ela respondeu, vou recuar um pouco no tempo. Nerissa anda estressada por estar envolvida com um número excessivo de projetos. Ela não está conseguindo mantê-los em dia. Está trabalhando em um vídeo para mim e em outro para um cliente. Criou um software que deseja promover. Também tem que cuidar dos animais e da casa quando estou viajando. Nerissa mal tem tempo para planejar o seu dia, que dirá trabalhar nos seus inúmeros projetos. Imagine então a minha surpresa quando ela me disse o seguinte:

"Reformei o seu closet."

Purifique. Purifique. Purifique.

Fico embasbacado. Arrumar o meu closet não estava na lista dela de coisas a fazer nem mesmo na minha.

"Peguei todas as suas roupas, retirei as prateleiras, construí novas prateleiras, voltei a pendurar as suas roupas, coloquei as roupas que estavam empilhadas em cabides e reorganizei as roupas que estavam no chão."

Isso é tão surpreendente para mim quanto se ela me dissesse que me fizera um cheque no valor de, digamos, cinco milhões de dólares.

Era inacreditável.

"O que a levou a fazer tudo isso?", perguntei.

"Já faz algum tempo que eu vinha querendo arrumar o seu closet", retrucou ela.

Ela vinha querendo arrumar o meu closet? É possível. Mas ela não tinha tempo. Isso aconteceu do nada.

O dr. Hew Len afirma que, quando limpamos as memórias, o que tem lugar é inspiração. Nerissa aparentemente se viu inspirada a arrumar o meu closet. É uma metáfora e uma prova de que a limpeza interior conduz a resultados externos.

Não podemos planejar quais serão os resultados externos.

Repetindo, podemos escolher, mas não podemos decidir.

Mais tarde, no quarto de hotel onde o dr. Hew Len estava hospedado, ele e eu nos sentamos como mestre e discípulo. Mas devo comentar que ele me trata como o mestre.

"Joseph, você é uma das dez pessoas originais de Deus."

"Eu sou?"

Sinto-me lisonjeado, mas admito que não tenho a menor ideia do que ele está falando.

"Você veio ao mundo para ajudar a despertar o Divino nas pessoas", explica o dr. Hew Len. "Os textos que você escreve são fascinantes. Este é o seu dom. Mas existem mais coisas."

"Mais coisas?"

Purifique. Purifique. Purifique.

"Você é o homem J dos negócios", replica ele. "Você sabe o que é isso?"

Não tenho a menor ideia, e digo isso a ele.

"Você é o Jesus dos negócios", explica ele, "o batedor da mudança."

Enquanto ele fala, eu penso que é melhor manter essa conversa em segredo. Ninguém jamais acreditará nela. Eu não acredito.

Purifique. Purifique. Purifique.

"Quando eu estava com Morrnah", diz ele, refletindo sobre os anos que passou com a kahuna que lhe ensinou a forma atualizada do Ho'oponopono que ele ensina hoje, "durante os cinco primeiros anos achei que era louca. No entanto, certo dia, essa ideia desapareceu."

O estilo do dr. Hew Len é divagante, poético e visionário. Ele parece usar simultaneamente o lado direito e o esquerdo do cérebro, enquanto o restante de nós se apoia apenas em um dos lados. Ele para de me dizer que sou o salvador dos negócios e passa a falar a respeito de Morrnah. De certa maneira, isso é cativante. Estou fascinado. Quero saber mais.

"Há um aro ao redor da sua cabeça, Joseph", comenta o dr. Hew Len, enxergando uma coisa que eu não vejo nem sinto. "Ele é formado por símbolos monetários, como águias."

Por alguma razão, senti o ímpeto de mostrar a ele um anel que eu estava usando. É um anel de ouro maciço, com 2.500 anos de idade, da Roma antiga. Ele estendeu a mão e eu coloquei o anel na palma da mão dele.

"A palavra gravada no anel é latina", eu explico. "*Fidem* significa fé."

O dr. Hew Len fica em silêncio enquanto segura o anel. Ele parece estar recebendo imagens ou impressões. Fico em silêncio enquanto ele parece estar entrando em sintonia com o anel.

"Você foi um grande orador em uma vida passada", diz ele. "Mas foi cercado por uma multidão e assassinado. Este anel está curando essa memória para você."

Isso é interessante. Frequentemente eu tinha lampejos de ter sido um orador famoso no passado, mas eu sentia medo de falar em público hoje porque fui assassinado no passado depois de um discurso. Eu achava que se tratava de uma memória criada pelo ego, e não uma vida passada. De alguma maneira, o dr. Hew Len captou a memória ao segurar o meu anel.

"Eu raramente o uso", confessei.

"Use-o", diz ele. "Sempre."

Ele olha fixamente para o anel.

"É incrível", comenta o dr. Hew Len. "Este anel foi usado por um agente de cura que sabia o valor de 'Conhece a ti mesmo'."

Estou fascinado. O dr. Hew Len tem a aura de um mar calmo em uma tempestade de realidade. Enquanto o mundo rodopia ao seu redor, ele parece imóvel. Ele fala o que sente, aceitando qualquer coisa que aconteça e seja dita. Ele me fita e olha para os meus pés.

"Joseph, meu Deus, eu deveria estar sentado aos seus pés", diz ele, genuinamente emocionado com alguma coisa que está vendo em mim. "Você é como os deuses."

Purifique. Purifique. Purifique.

"Estamos aqui para fazer uma limpeza", lembra ele a todos nós durante o treinamento do fim de semana. "Limpem sempre, incessantemente, de maneira a purificar todas as memórias para que o Divino possa nos inspirar a fazer o que viemos ao mundo para fazer."

Purifique. Purifique. Purifique.

Durante o treinamento, percebo que fiz uma limpeza em um dos meus livros, mas não em outro. Eu passara algum tempo amando *The Attractor Factor*, que se tornou um best-seller número um da lista. Entretanto, não passei muito tempo amando outro livro meu, *There's a Customer Born Every Minute,* que não vendeu tão bem. Entendi isso com um ímpeto de energia subindo pela minha coluna. É por esse motivo que o livro não tinha vendido tão bem quanto os outros.

Quando participei do meu primeiro treinamento, aprendi que eu poderia usar a borracha da extremidade do lápis para ajudar na limpeza. Eu dava pancadinhas no objeto com a borracha. É isso. É um símbolo ou até mesmo um fato de limpar memórias. Deixei à vista um exemplar do meu novo livro na ocasião, *Life's Missing Instruction Manual,* e coloquei o lápis sobre ele. Todos os dias, durante meses, dei pancadinhas nele. Sempre que eu passava pelo livro, eu parava, pegava o lápis, e dava pancadinhas no exemplar com a extremidade onde estava a borracha. Você pode me chamar de maluco, mas esse era um acionador psicológico destinado a me ajudar a purificar quaisquer memórias ao redor do livro. Bem, o livro veio a ser um best-seller instantâneo e permaneceu durante quatro dias em primeiro lugar na lista dos mais vendidos. As empresas grandes compraram milhares de exemplares. A Wal-Mart fez um estoque. Ele foi destacado na revista *Woman's Day*.

Mas eu não fizera nenhuma limpeza em *There's a Customer Born Every Minute.* O livro foi lançado. Chegou perto da lista dos best-sellers, mas não alcançou os dez mais vendidos. Também coordenei um grande golpe de publicidade para tentar atrair atenção para o livro. Ele recebeu alguma atenção, mas não obteve vendas imediatas. Conversei com o dr. Hew Len a respeito do assunto.

"Mergulhe mentalmente o livro em um copo d'água com uma fruta dentro", recomendou ele. "Eu sei que parece loucura, mas assinale a data de hoje, mergulhe o livro na água e veja o acontece."

Ele também me surpreendeu ao perguntar a respeito de Oprah. "Você quer aparecer no programa dela?"

Gaguejei que adoraria que isso acontecesse em algum momento. Naquela ocasião eu ainda não estivera no *Larry King Live Show*, de modo que o programa de Oprah me parecia um salto e tanto.

"Você precisa estar purificado para não ter um bloqueio", recomendou o dr. Hew Len.

Purifique. Purifique. Purifique.

"Dois autores foram ao programa dela e tiveram um bloqueio", ele explicou.

"Não quero que isso aconteça", comentei.

"Você precisa desistir da ideia de que as pessoas fazem as coisas por você. Elas fazem as coisas por si mesmas. Tudo que você precisa fazer é uma limpeza."

Purifique. Purifique. Purifique.

Antes de me despedir do dr. Hew Len nessa viagem, voltei a lhe fazer perguntas sobre os anos em que ele foi psicólogo da equipe do hospital onde estavam os criminosos que sofriam de doenças mentais.

"Quero que você entenda bem uma coisa", me disse ele. "Não foi fácil, e não fiz tudo sozinho."

Fui embora desejando saber mais. Muito mais.

Purifique. Purifique. Purifique.

Parece que todo mundo que faz ho'oponopono tem uma história fascinante para contar. Por exemplo:

Prezado dr. Hew Len,
  Participei recentemente da reunião de ho'oponopono na Filadélfia. Quero lhe agradecer profunda e humildemente, do fundo do coração, por ter me feito relembrar o caminho para o Lar. Sou eternamente grata ao Divino, ao senhor e a todas as crianças que o ajudaram a realizar esta obra de ensinamento.
  O que se segue é uma espécie de depoimento em resposta ao seminário. É uma maneira de compartilhar com aqueles que poderão duvidar do poder do ho'oponopono. Se for proveitoso divulgá-lo,

por favor faça-o. Se não interessar, descarte-o e que possa a minha gratidão a todos ser suficiente.
Agradeço a todos do fundo do meu coração.
Que Deus lhes conceda paz, sabedoria, saúde e uma longa vida na qual possam purificar e voltar para o Lar.

Muito, muito amor e bênçãos.
Dana Hayne

Depoimento da reunião de ho'oponopono na Filadélfia

O dr. Hew Len iniciou o seminário com uma palestra e desenhos. Ele expôs a cosmologia do ho'oponopono. Ele nos perguntou: "Quem são vocês? O que vocês sabem?" Juntos exploramos a incrível, eterna, ilimitada, total, completa, vazia realidade zero do nosso verdadeiro Eu da qual toda a paz emana. Ele a chamou de "Lar". Em seguida investigamos com ele a natureza de "O que é um problema?". "Vocês já repararam", perguntou ele, "que sempre que há um problema, vocês estão presentes? Isso lhes diz alguma coisa?" Como o velho Sócrates, ele nos engajou no processo, instigando-nos com perguntas e respostas. Mal sabia eu que o dr. Hew Len estava habilmente exumando essas memórias e opiniões ocultas para a limpeza e a transformação.

Capturada na rede, levantei a mão, fiz perguntas e comentários. Entretanto, à medida que os dias foram passando, comecei a ter a impressão de que todas as vezes que eu fazia uma pergunta ao dr. Hew Len, ele me menosprezava. Eu me senti desrespeitada. Cada resposta me queimava e eu me sentia publicamente envergonhada e humilhada.

Domingo de manhã eu estava tão zangada com o dr. Hew Len que senti vontade de ir embora. Eu chegara à conclusão de que ele era arrogante, controlador e dominador. Fiquei sentada no meu lugar, atormentada, zangada, prestes a chorar.

Eu estava muito zangada e queria ir embora. Sem ter certeza se iria ou não deixar o local, levantei-me e fui até o banheiro, com medo de começar a chorar bem ali, na sala da reunião. Eu me sentei em um dos compartimentos cheios de amônia e senti a fúria na qual a minha raiva se transformara. Oh, a fúria que eu sentia era assassina. Uma parte de mim não queria abandonar aquela raiva, mas outra coisa insistia comigo para que eu não parasse de dizer: "Me perdoa. Me perdoa. E eu te amo."

Fiquei repetindo sem parar essas palavras para a fúria. Em seguida compreendi que esse não era um novo sentimento, que eu sentira anteriormente essa mesma fúria se infiltrar e se disfarçar como uma lenta queimadura no segundo plano da minha consciência – sempre que o meu marido me rebaixava ou sempre que a minha mãe advogada insistira em que estava com a razão. Oh, e ela era dessas pessoas capazes de fazer o preto parecer branco, confundindo o coração inocente desta criança.

Eu então compreendi. Entendi tudo. Eureka! Descobri! É uma antiga memória, o feixe de luz no meu olho, o feixe de luz que eu lanço no coração dos outros. Essa é a espada da memória que carrego no coração e arrasto para o meu "agora" e com a qual eu mato os outros – o dr. Hew Len, a minha mãe, o meu marido, Bush, Saddam Hussein, qualquer um que eu possa acusar e matar lá fora. É sobre isso que o dr. Hew Len está falando, o ciclo contínuo da fita que não para de tocar.

Não fui embora. Voltei para a sala de conferência e senti uma calma profunda durante o resto do dia. Fiquei repetindo mentalmente em silêncio: "Sinto muito. Por favor, me perdoa. Obrigada. Eu te amo." Quando o dr. Hew Len respondeu a perguntas depois disso, não senti nenhuma das emoções anteriores, senti apenas amor emanando dele. Ele não mudara em nada. Algo dentro de mim se modificara.

Algum tempo depois de eu ter voltado para o recinto, o dr. Hew Len narrou uma experiência pessoal relacionada com a sua própria introdução ao ho'oponopono. Ele havia abandonado o curso, não uma vez, mas sim três vezes, achando em cada uma delas que o instrutor era "maluco" e perdendo nas três vezes o dinheiro que investira no seminário. Será que ele sabia o que eu estava pensando? Será que ele sabia que eu quase fora embora por achar que ele era louco?

No intervalo seguinte, aproximei-me cautelosamente do dr. Hew Len. Ele me explicou com muito amor que a antiga memória, frequentemente repetida, da dominação masculina havia erguido a cabeça. Ele explicou que era uma memória comum para muitas pessoas e que para curá-la era preciso grande persistência e diligência. Foi somente quando voltei para casa que eu começaria a compreender a profundidade da cura que tivera lugar em mim no seminário.

Durante todo o fim de semana, o dr. Hew Len nos forneceu ferramentas para a transformação, ferramentas essas que desafiam diretamente o intelectualismo. Sem esperar resultados, obedientemente, porém com ceticismo, segurei o meu lápis, disse "Gota de Orvalho", e dei pancadinhas nas três palavras que eu escrevera em uma folha de papel, palavras que para mim representavam problemas: "computador", "filho" e "marido". Repito que só iria conhecer o poder dessas palavras quando chegasse em casa.

Ao chegar em casa, fui recebida com um sorriso pelo meu marido e o meu filho, que disseram: "Adivinhe o que compramos na sua ausência?" "Um computador novo", foi o meu palpite. Estávamos tendo problemas com o computador que exigiam horas e horas (sem brincadeira) dos técnicos que iam lá em casa e tentavam, sem êxito, consertá-lo. A coisa chegou ao ponto em que eu estava seriamente me perguntando se não teríamos um djim ou um fantasma no computador. O mais importante é que andáramos tendo muitas discussões sérias em família nas semanas anteriores por causa dos caprichos do nosso computador. Eu não me interessava por computadores, eu só desejava harmonia.

Fiquei um pouco surpresa quando tanto o meu marido quanto o meu filho disseram que eu estava certa, que eles haviam com-

prado um computador novo, já que na véspera de eu viajar eles tinham concordado em esperar mais seis meses para comprar um que viesse com o novo processador de 64 bits. Em seguida, eles perguntaram: "Adivinhe de que tipo?" Recitei a lista: Dell, Hewlett-Packard, Sony, Gateway, Compac, e assim por diante. Citei todo tipo de computador que me ocorreu. "Não. Não. Não", responderam os dois cada vez que eu tentava adivinhar. "Desisto!", exclamei.

Veja bem, o homem que é meu marido há trinta anos tem ideias muito firmes. Ele tem uma vontade de ferro, a qual quando concentrada e consciente equivale nada menos a uma fantástica determinação. Quando ele não está tão consciente, no entanto, essa determinação pode ficar mais parecida com teimosia, e nada é capaz de convencê-lo. Ele fora um convicto defensor do PC, e nada, quero dizer nada mesmo, o teria feito mudar de ideia. Assim, quando ambos gritaram para mim "Apple!", eu literalmente quase desmaiei. Veja bem, o meu primeiro desejo foi ter um Apple, mas Apples não eram permitidos na nossa casa assim como porcos não podem entrar na casa de judeus que só comem alimentos kosher.

O que acabo de descrever poderá parecer trivial para algumas pessoas. No entanto, sou casada há trinta anos. E há trinta anos o meu casamento atravessou montanhas e vales, com nós dois lutando em direção a uma meta mútua de unidade e igualdade. Essa escolha aparentemente inofensiva de computadores representou uma "deposição de armas" que somente aqueles envolvidos na batalha reconheceriam. O que estou querendo dizer é que, se alguém me dissesse que a China havia libertado o Tibete, eu não teria ficado mais surpresa.

Lembrei-me de ter mentalmente levantado o lápis, dito "Gota de Orvalho" e dado pancadinhas em "marido", "computador" e "filho". Será que trinta anos de conflito poderiam ser dissolvidos com tanta rapidez e sem nenhum esforço? Será que repetir "Sinto muito", "Me perdoa", "Obrigada" e "Eu te amo" poderia transformar uma vida inteira de conflitos externos com as minhas figuras de autoridade – mãe, companhia telefônica e marido? Tudo o que eu sei é que duas semanas se passaram depois do seminário. Pratico todos os dias o que o dr. Hew Len me ensinou o mais religiosamente possível. Meu filho ficou curado de uma prolongada doença, e o meu marido e eu estamos dialogando a respeito de coisas que eu costumava manter bem guardadas e contidas. Oh, e ontem à noite, ele disse: "Sabe, meu bem, se você quiser, pode comprar um desses pequenos laptops para você."

O que as mentes céticas querem saber

*O objetivo da vida é retornar ao Amor, de momento a momento.
Para atender a esse propósito, a pessoa precisa reconhecer que
é completamente responsável por criar a sua vida do jeito como ela é.
Ela precisa compreender que são os seus pensamentos que criam a sua vida
da maneira como ela é de momento a momento. Os problemas não são
as pessoas, os lugares e as situações, mas sim os pensamentos a respeito deles.
A pessoa precisa aceitar a ideia de que não existe o "lá fora".*

– Dr. Ihaleakala Hew Len

Como mencionei anteriormente no livro, escrevi um artigo intitulado "The World's Most Unusual Therapist", e divulguei-o no meu blog. Também adicionei o texto ao meu site www.mrfire.com. Além disso, foi publicado em um livro de autoria de David Riklan, *101 Great Ways to Improve Your Life*. O artigo veio a ser o mais amplamente distribuído e comentado que eu já escrevera. As pessoas o incluíam em grupos de discussão, encaminhavam-no para os amigos, enviavam-no para as suas listas de e-mails pessoais e públicas, e o espalhavam ainda de outras maneiras. Aparentemente a mensagem que o artigo continha estava inspirando todo mundo. Foi exatamente esse artigo que captou a atenção do meu editor, John Wiley & Sons, e me levou a escrever o livro que você tem nas mãos.

Entretanto, nem todo mundo adorou o artigo. Algumas pessoas não conseguiam acreditar que ninguém, nem mesmo um psicólogo, pudesse curar criminosos com problemas mentais em um hospital. Uma pessoa escreveu para o dr. Hew Len e exigiu uma prova. Ela queria saber os fatos a respeito das experiências do dr. Hew Len naquele hospital psiquiátrico. E eu também queria essas provas, verdade seja dita. Eis a resposta detalhada que o dr. Hew Len escreveu:

A história, como a maioria das histórias, requer esclarecimentos.

É verdade que:

1. Passei vários anos trabalhando como psicólogo, sem vínculo empregatício, no Hawaii State Hospital, um estabelecimento psiquiátrico administrado pelo Departamento de Saúde do Estado do Havaí.

2. Passei três anos, de 1984 a 1987, como psicólogo da equipe, trabalhando vinte horas por semana, em uma unidade de segurança máxima para pacientes do sexo masculino que haviam praticado atos criminosos de assassinato, estupro, uso de drogas e agressão contra pessoas e propriedades.

3. Quando ingressei na unidade de segurança máxima em 1984 como psicólogo da equipe, todas as celas de isolamento estavam ocupadas por pacientes violentos.

4. Em qualquer dia considerado, havia na unidade vários pacientes com grilhões nos tornozelos e nos pulsos para impedir que eles praticassem atos violentos contra outras pessoas.

5. A violência na unidade praticada por pacientes contra pacientes e contra a equipe era uma ocorrência corriqueira.

6. Os pacientes não estavam intimamente envolvidos com os cuidados que lhes eram prestados nem com a sua reabilitação.

7. Não havia atividades de reabilitação dentro da unidade.

8. Fora da unidade, não havia atividades, recreação ou trabalho.

9. As visitas de familiares na unidade eram extremamente raras.

10. Nenhum paciente tinha permissão para sair da unidade de segurança máxima sem uma autorização por escrito do psiquiatra e, quando saía, o fazia com grilhões no tornozelo e no pulso.

11. A permanência na unidade do paciente típico era de anos, com um custo, acredito eu, em torno de 30 mil dólares por ano na época.

12. As faltas ao trabalho por motivo de doença na equipe eram extremamente elevadas na ala.

13. O ambiente físico da unidade era sombrio e um tanto decadente.

14. A equipe da unidade era formada basicamente por pessoas maravilhosas e dedicadas.

15. O que acabo de descrever provavelmente é a situação típica da maioria das unidades psiquiátricas nos Estados Unidos.

Quando deixei a unidade e o estabelecimento em julho de 1987:

1. As celas de isolamento não eram mais usadas.

2. Não eram mais usados grilhões nos pulsos e nos tornozelos.

3. Os atos de violência eram extremamente raros e em geral envolviam novos pacientes.

4. Os pacientes eram responsáveis por cuidar de si mesmos, inclusive por arranjar moradia e trabalho, e contratar serviços jurídicos, antes de deixar a unidade e o estabelecimento.

5. As atividades recreativas realizadas fora da unidade, como jogging e tênis, eram permanentes, e para sair para praticá-las os pacientes não precisavam da autorização de um psiquiatra nem usar grilhões nos tornozelos e nos pulsos.

6. Tiveram início atividades de trabalho fora da unidade, como a lavagem de carros, sem que para exercê-las os pacientes precisassem da aprovação de um psiquiatra ou do uso de grilhões nos tornozelos e nos pulsos.

7. O trabalho dentro da unidade consistia em assar biscoitos e engraxar sapatos.

8. Os pacientes estavam recebendo visitas de parentes na unidade.

9. A falta ao trabalho dos membros da equipe por motivo de doença deixou de ser um problema crônico.

10. O ambiente da unidade melhorou enormemente devido à pintura e à manutenção, e também porque as pessoas se interessavam pelo lugar onde viviam.

11. A equipe da unidade estava mais empenhada em incentivar os pacientes a ser totalmente responsáveis por si mesmos.

12. O tempo de permanência dos pacientes na unidade foi enormemente reduzido, passando a ser de meses em vez de anos.

13. A qualidade de vida tanto dos pacientes quanto da equipe mudou radicalmente, deixando de ser a de uma prisão e passando a ser a de uma família, de pessoas que se importavam umas com as outras.

O que eu fiz na condição de psicólogo da equipe da unidade? Todas as vezes que eu ia para a unidade, eu fazia o processo da Identidade Própria por meio do Ho'oponopono do arrependimento, do perdão e da transmutação, para o que quer que estivesse acontecendo em mim que eu experimentava consciente e inconscientemente como problemas *antes* de entrar, *durante* o tempo em que eu ficava lá dentro e *depois* que eu saía.

Não realizei nenhum trabalho de terapia ou de orientação psicológica com os pacientes da unidade.

Não participei de nenhuma conferência da equipe sobre os pacientes.

Assumi completamente a responsabilidade de purificar o que havia em mim que me causou problemas como psicólogo da equipe.

Sou uma criação do EU SOU, perfeito, como acontece com todo mundo e com tudo. O que é imperfeita é a b___a, as memórias que reagem, reencenadas como críticas, ressentimento, raiva, irritação e só Deus sabe o resto da m___a que é carregada da Alma.

Paz do Eu,

Ihaleakala Hew Len, PhD, Presidente Emérito
The Foundation of I, Inc. Freedom of the Cosmos
www.hooponopono.org

Embora eu ainda estivesse aprendendo ho'oponopono, eu às vezes ensinava o método a outras pessoas quando sentia que elas estavam abertas a ouvir falar nele. É claro que o fato de elas estarem abertas era um reflexo de mim, não delas. Quanto mais claro eu me tornava, mais claras as pessoas ao meu redor se tornavam. Entretanto, isso é difícil de aceitar. É muito mais fácil querer mudar o exterior do que o interior.

Em Maui, um corretor de imóveis nos levou de carro para ver algumas casas. Ao longo do caminho, conversamos bastante a respeito da cura, da espiritualidade, do filme *O segredo* e do crescimento pessoal. Tudo era interessante, mas algo esclarecedor teve lugar durante parte do percurso.

O corretor havia lido o meu hoje famoso artigo sobre o dr. Hew Len e o processo de cura havaiano ho'oponopono que ele usou para curar uma ala inteira de criminosos com doenças mentais.

Como todas as outras pessoas, o corretor achou o artigo inspirador.

Como todas as outras pessoas, ele não o entendeu muito bem.

Enquanto passeávamos de carro pela bela ilha de Maui, ouvi o corretor se queixar de uma casa que ele não conseguia vender. O comprador e o vendedor estavam discutindo por causa dela, causando muita raiva, ressentimento e outras coisas. A venda estava presa no meio da briga, e não iria se concretizar em um futuro próximo. O corretor estava obviamente frustrado por causa das atitudes daqueles dois.

Fiquei ouvindo durante algum tempo e depois me senti inspirado a me manifestar.

"Você gostaria de saber como o dr. Hew Len talvez lidaria com essa situação usando o ho'oponopono?", perguntei.

"Claro!", exclamou o corretor, obviamente curioso. "Estou decididamente interessado. Por favor me diga."

"Isso deve ser bom", disse Nerissa.

"Bem, não sou o dr. Hew Len", comecei, "mas estou escrevendo um livro com ele e treinei com ele, de modo que acho que tenho uma boa ideia de como ele talvez lidaria com a situação."

"Conte-me."

"O que o dr. Hew Len faz é olhar dentro de si mesmo para ver o que existe dentro *dele* que está compartilhando a experiência que ele vê do lado de fora", comecei. "Quando ele trabalhava no hospital psiquiátrico, ele olhava para a ficha dos pacientes. Quer ele sentisse repulsa pelos atos deles ou outra coisa, ele não lidava com a pessoa; ele lidava com os sentimentos que *ele* experimentava. À medida que ele começava a limpar o que estava dentro dele, *os pacientes* começavam a se purificar e ficar curados."

"Eu gosto disso", afirmou o corretor.

"A maioria das pessoas não tem a menor ideia do que significa a responsabilidade", prossegui. "Elas preferem culpar os outros e as circunstâncias externas. Quando elas se desenvolvem e se tornam mais conscientes, começam a se considerar responsáveis pelo que dizem e fazem. Além disso, quando você se torna ainda mais consciente, você pode começar a compreender que é responsável pelo que *todo mundo* diz ou faz, simplesmente porque essas pessoas fazem parte da sua experiência. Se você cria a sua própria realidade, então você criou tudo o que você vê, até mesmo as partes de que não gosta."

O corretor estava sorrindo, balançando a cabeça.

Continuei a falar.

"Não importa o que o comprador ou o vendedor faça nessa situação", acrescentei. "O que interessa é o que *você* faz. O que o dr.

Hew Len faz é simplesmente repetir 'Eu te amo', 'Sinto muito', 'Por favor, me perdoa' e 'Obrigado'. Ele não diz isso para as pessoas; ele o diz para o Divino. A ideia é purificar a energia compartilhada."

"Vou fazer isso", disse o corretor.

"Mas você não faz isso para obter alguma coisa", prossegui. "Você o faz porque é dessa maneira que purificamos a energia compartilhada de maneira a que ninguém tenha que experimentá-la novamente, nunca mais. É uma limpeza, e você nunca para de fazê-la."

Fiz uma pausa.

O corretor parecia ter entendido. Os seus olhos estavam arregalados, e ele exibia um largo sorriso.

"Se alguma coisa aparece na sua consciência", continuei, "cabe então a você fazer a limpeza e curar. Como você chamou a *minha* atenção para a situação do comprador e do vendedor, então eu também tenho que fazer uma limpeza nela. Ela agora faz parte da experiência da minha vida. Se eu sou o criador da minha experiência, então eu também sou responsável pela situação."

Deixei tudo isso calar na mente enquanto continuávamos o nosso passeio para ver outras casas em Maui.

Alguns dias depois, recebi um e-mail do corretor. Ele disse que continuava a usar o processo do dr. Hew Len.

É assim que funciona.

É totalmente amor.

É contínuo.

E você é totalmente responsável.

Certo dia ministrei um seminário com Mindy Hurt, que administra a Unity Church de Wimberley, Texas. O seminário se chamou "The Secret of Money". Nele, ensinei a todo mundo o método de limpeza do ho'oponopono. Depois, um cavalheiro se aproximou de mim e disse: "Tenho dificuldade em dizer 'Sinto muito' e 'Por favor, me perdoa'."

"Por quê?", perguntei.

"Não consigo imaginar uma Divindade ou um Deus amoroso que precise que eu lhe peça perdão", disse ele. "Não creio que o Divino tenha que me perdoar por alguma coisa."

Pensei no assunto e, mais tarde, eu soube a resposta que deveria ter dado ao homem:

"Você não está fazendo essas declarações para ser perdoado pela Divindade; você as está fazendo para se purificar. Você as profere *para* a Divindade, mas a intenção é purificar *você*."

Em outras palavras, o Divino já está derramando amor sobre você. Ele nunca parou. No estado zero, onde não existe limite, a descrição mais aproximada que podemos fazer é dizer que se trata de um estado de puro amor. Ele está lá, mas você não. Assim, ao dizer "Eu te amo, sinto muito, por favor, me perdoa, obrigado", você está purificando os programas que existem *em você* que o impedem de estar no estado puro: o amor.

Repetindo, o Divino não precisa que você faça ho'oponopono, mas *você* precisa fazê-lo.

Recebi recentemente de uma amiga um e-mail de partir o coração. Ela perguntou:

"O que você diria para alguém que tem lido o seu livro, que assistiu ao filme *O segredo,* que lê todos os dias o seu blog, que se esforça ao máximo, e ainda assim está dura, infeliz e fracassada? Continuo tendo um problema após o outro. Nunca termina. O que você diria?"

Senti a dor dela. Afinal de contas, em certa ocasião eu fui um sem-teto. Lutei com a pobreza durante uma década. O meu sucesso "instantâneo" provavelmente levou vinte anos para acontecer. Eu sei como é ter a impressão de que se está preso na areia movediça.

O que dizer a essa pessoa?

No passado eu ofereceria soluções. Eu diria: leia *The Magic of Believing,* de Claude Bristol. Assista sete vezes ao filme *O segredo.*

Crie um roteiro de como você quer que a sua vida seja. Medite todos os dias. Trabalhe as suas questões de autossabotagem.

Mas essa é a abordagem frontal em relação à mudança. Aprendi – e o dr. Hew Len o confirmará – que essa abordagem raramente funciona.

O que resta então?

Como você, eu ou qualquer pessoa pode ajudar alguém que esteja empacado e sofrendo?

De acordo com o ho'oponopono, a única maneira é fazendo uma limpeza em mim mesmo. As pessoas que me procuram – inclusive aquela que escreveu para mim – estão compartilhando um programa comigo. Elas o pegaram como um vírus da mente. Elas não são culpadas. Elas se sentem imobilizadas ou encurraladas. Posso jogar uma corda para elas, mas na maioria das vezes elas não a usarão, ou a usarão para se enforcar.

Então o que fazer?

Tudo o que posso fazer é uma limpeza em *mim*. Enquanto eu me purifico, elas se purificam também. À medida que purificamos os programas que compartilhamos, estes são retirados de toda a humanidade. Isso é tudo que eu faço hoje em dia. Foi a primeira coisa que o dr. Hew Len me disse que fazia, naquela primeira conversa telefônica que tivemos há muito tempo: "Tudo o que eu faço é purificar, purificar, purificar."

Tudo o que eu faço é dizer: "Eu te amo", "Sinto muito", "Por favor, me perdoa" e "Obrigado". O resto cabe à Divindade. Não acho que isso seja insensível, mas sim a coisa mais sincera que eu posso fazer. E é o que estou fazendo neste momento, enquanto escrevo estas palavras.

Finalmente, considere a seguinte conclusão espiritual:

Como a história dessa pessoa que escreveu para mim agora faz parte da sua experiência, isso significa que também cabe a você curar. Afinal de contas, se você cria a sua própria realidade, então você teve que criar também *esta* situação, pois ela agora faz parte da sua realidade. Sugiro que você use as declarações "Eu te amo" para curá-la.

À medida que você for se curando, a pessoa que escreveu para mim e todas as outras pessoas que compartilham esse programa se restabelecerão.

A escolha é uma limitação

Podemos pedir à Divindade, que conhece o nosso projeto individual, para curar todos os pensamentos e memórias que estão nos refreando neste momento.
— Morrnah Simeona

O dr. Hew Len voou para Austin, Texas, para passar alguns dias comigo em outubro de 2006. Quando o busquei no aeroporto, começamos imediatamente a falar sobre a vida, Deus, programas, limpeza e outras coisas. Ele me perguntou o que andava fazendo naqueles dias. Eu lhe disse que estava muito entusiasmado.

"Há um filme no qual um dos personagens diz: 'Algumas pessoas estão despertas, e elas vivem em um constante estado de assombro e admiração.' Estou bem próximo desse estado", disse eu. "Tenho mágica, milagres, e a vida me deixa animado."

"Conte-me mais", insistiu ele.

Falei sobre o meu carro novo, que eu adoro. É um Panoz Esperante GTLM 2005, um carro esporte exótico de luxo.

Esses carros são fabricados pela família Panoz. Cada um deles é montado à mão, cada um é assinado pelas pessoas que o fabricaram, e cada um recebe um nome. O meu se chama Francine. Eu sabia que o dr. Hew Len iria apreciar o amor que eu dedico ao carro, bem como o fato de que ele é tratado como uma pessoa viva. Para ele, todas as coisas estão vivas.

Falei também a respeito da minha presença no programa de televisão *Larry King Live* pelo fato de eu estar no filme *O segredo*.

Ele queria saber como Larry King era. Eu lhe disse. King é direto, cordial, safo. Gostei dele.

Passei então a descrever para o dr. Hew Len o sucesso dos meus livros, como o *The Attractor Factor* e *Life's Missing Instruction Manual*. Depois de alguns minutos, ele pôde perceber que eu estava transbordando energia.

"O que você acha que é diferente agora do que quando você fez o primeiro treinamento de ho'oponopono?"

Pensei por um momento e respondi: "Parei de querer controlar tudo. Entreguei os pontos. Tudo o que faço agora é purificar, apagar e tentar chegar a zero."

Ele deu palmadinhas no meu ombro e sorriu, fixando de certa maneira o momento ao reconhecer o que sentia que era certo para mim.

Começamos a caminhar em direção ao meu carro, e depois que demos alguns passos ele parou e me fitou.

"Você está com o andar animado", comentou ele, quase deslumbrado. "Você está com o andar elástico."

"Bem, *estou* feliz por vê-lo", repliquei.

Fomos jantar e eu lhe disse que estava desapontado porque o meu livro sobre P. T. Barnum, *There's a Customer Born Every Minute*, não estava vendendo bem.

"Joseph, você precisa amá-lo."

Eu queria que o meu livro vendesse, de modo que não entendi o que o amor tinha a ver com aquilo.

"Joseph, se você tivesse três filhos e um deles estivesse atrasado na escola, você lhe diria que estava desapontado com ele?"

"Não", repliquei. E de repente um lampejo me atingiu com força. O livro é um filho meu, e eu estava dizendo que ele não era tão bom quanto os meus outros filhos. Senti isso em um grau tão real que quase comecei a chorar no restaurante.

"Você entendeu, Joseph", disse o dr. Hew Len. "Você precisa amar todos os seus filhos."

Comecei a me sentir péssimo ao ter alienado o meu "filho" por ele não ter tido um bom desempenho na escola da vida. Eu me senti genuinamente arrependido. Comecei a dizer mentalmente para o Divino "Eu te amo", "Sinto muito", "Por favor, me perdoa" e "Obrigado", enquanto mantinha no coração a impressão do meu livro. Depois, quando cheguei em casa e vi o meu livro, eu o peguei e apertei contra o coração, abraçando-o, amando-o, pedindo perdão por não tê-lo apreciado apenas por existir.

Mais tarde, quando levei o dr. Hew Len de carro para a área onde está a minha casa em Wimberley, Texas, ele disse que viu um elfo em mim.

"Um o quê?"

"Um elfo", repetiu ele.

Estou acostumado a que ele veja coisas em mim que eu não enxergo. Ele não chamaria isso de habilidade psíquica, mas apenas de um desdobramento em cada momento.

"O elfo tem olhos e orelhas grandes. Ele quer ficar do lado de dentro e não sair em público."

"Essa é a parte de mim que quer ficar em casa, trabalhar no computador e não interagir com as pessoas."

"Mas há outra parte de você que gosta da notoriedade."

"Dois terços de mim querem aparecer nos programas *Larry King* e *Oprah* e receber a atenção", confessei, "mas outra parte deseja permanecer do lado de dentro e ficar solitária."

"O seu elfo o manterá lúcido", explicou o dr. Hew Len. "As pessoas que desejam apenas a fama enlouquecem. Aquelas que só querem viver em uma caverna escondem os talentos que têm. Você tem equilíbrio."

Mais tarde, ainda naquele dia, falei com Nerissa, o meu amor, a respeito do meu elfo.

"Como se chama a sua parte que gosta de aparecer?", perguntou ela.

"Não sei."

Ela refletiu por um momento e, em seguida, declarou: "Acho que ela se chama Sprite."

"Sprite?"

"Isso. Sprite.* Parece adequado."

Eu ri e tive que concordar. No dia seguinte, quando eu disse ao dr. Hew Len que Nerissa chamara a minha parte extrovertida de Sprite, ele deu uma risada e adorou o nome.

"Sprite gosta da luz",** cantou ele.

No dia seguinte ao que o dr. Hew Len chegou à minha área, fui ao encontro dele. Estava sentado em uma mesa com duas mexicanas aposentadas que pareciam penduradas em cada palavra que ele dizia. Ele fez um sinal para que eu me aproximasse. Peguei um café e comecei a me sentar na cadeira ao lado dele. Ele me interrompeu e pediu que eu me sentasse na cadeira seguinte, mais longe dele, mas de frente para as duas mulheres.

"Diga a estas senhoras o que você faz", pediu o dr. Hew Len.

"No passado, eu costumava tentar resolver os problemas, fossem meus ou de outra pessoa. Hoje, não interfiro neles, mas limpo as memórias que os causaram. Enquanto faço isso, eles são resolvidos, e eu fico bem enquanto isso acontece."

"Joseph, você pode dar um exemplo para elas?"

"A minha irmã me deixa frustrado", confessei. "Ela estava vivendo do seguro-desemprego, a sua casa foi invadida, a sua identidade foi roubada e outras coisas. Ela não é feliz, o que me deixa frustrado. Tentei ajudá-la enviando para ela dinheiro, livros, filmes e até mesmo o DVD player para que ela pudesse assistir aos filmes. Ela não faz nenhum esforço para mudar. Mas agora não tento mais modificá-la."

"O que você faz?", perguntou uma das mulheres.

"Eu trabalho em *mim*", respondi. "Agora entendo que a vida que ela vive não tem nada a ver com algo que ela esteja fazendo. É um programa, ou memória, que está sendo encenado, e ela ficou

---

* Duende, em inglês. (N. da T.)
** No original: "Sprite likes the light." A pessoa fez uma rima, em inglês. (N. da T.)

presa na rede dele. É como se ela tivesse pegado um vírus. Não é de modo algum culpa dela. E o fato de eu sentir o que está acontecendo, de eu sentir a dor dela, significa que eu compartilho o mesmo programa. Preciso fazer uma limpeza. E enquanto for fazendo essa purificação, o programa também se desprenderá dela."

"Como você faz essa limpeza?"

"Tudo o que faço é repetir sem parar 'Eu te amo', 'Sinto muito', 'Por favor, me perdoa' e 'Obrigado'."

O dr. Hew Len explicou que a simples frase "Eu te amo" contém três elementos que podem transformar qualquer coisa. Ele disse que esses elementos são a gratidão, a reverência e a transmutação. Prossegui explicando o que eu achava que estava acontecendo.

"As frases que eu pronuncio são como as palavras mágicas que abrem o fecho do segredo do universo. Quando recito as frases, que emergem como um poema, estou me abrindo para que o Divino me purifique e apague todos os programas que me impedem de estar aqui agora."

O dr. Hew Len disse que gostava da maneira como eu descrevia o método de limpeza do ho'oponopono.

"Dizer que uma pessoa pegou um vírus é perfeito", comentou ele. "É um programa que está no mundo e nós o pegamos. Quando alguém o tem e você o nota, você também passa a tê-lo. A ideia é assumir 100% a responsabilidade. Quando você se purifica, você purifica o programa de todas as pessoas." Ele fez uma pausa e acrescentou: "Mas existem muitos programas. Eles são como as ervas daninhas no zero. Para chegar ao limite zero, temos que fazer uma quantidade de limpezas muito maior do que vocês jamais poderiam imaginar."

As mulheres pareceram entender, o que me deixou surpreso. Estávamos falando de conceitos desconcertantes, e no entanto elas pareciam se identificar com eles. Não pude deixar de me perguntar se elas não estariam simplesmente entrando em sintonia com as vibrações do dr. Hew Len, de maneira semelhante à que um diapasão define um tom para tudo ao redor dele que é capaz de sentir a sua nota.

O dr. Hew Len e eu fomos dar uma volta. Foi um passeio de oitocentos metros no ar frio da manhã em um caminho poeirento de cascalho. Veados caminhavam à nossa volta enquanto andávamos. Em um determinado momento topamos com um grupo de cachorros que começaram a latir desesperadamente para nós, mas continuamos a conversar e andar. De repente, o dr. Hew Len acenou para eles, como se para abençoá-los, e disse: "Nós amamos vocês."

Os cachorros pararam de latir.

"Tudo o que qualquer um de nós deseja é ser amado", declarou. "Você, eu, até mesmo os cachorros."

Um cachorro pequeno que estava atrás dos outros ganiu levemente. Não pude deixar de pensar que ele estava dizendo: "Bem apropriado" ou talvez "Obrigado".

Ou até mesmo: "Eu também te amo."

As nossas conversas eram sempre estimulantes. Em determinado momento, o dr. Hew Len me afetou profundamente quando explicou que a única escolha que temos na vida é fazer ou não a limpeza.

"Agimos sempre em função da memória ou da inspiração", explicou ele. "Ponto final."

Retruquei: "Eu sempre disse às pessoas que elas têm a escolha de se basear ou não na inspiração. Isso é o livre-arbítrio. O Divino envia uma mensagem e podemos agir ou não em função dela. Se o fizermos, tudo estará bem. Se não o fizermos, poderemos ter problemas."

"A sua escolha é fazer ou não a limpeza", disse ele. "Se você estiver purificado, quando a inspiração chega, você simplesmente age. Você não pensa no assunto. Se você pensar, você estará comparando a inspiração com alguma coisa, e essa coisa é a memória. Limpe a memória e você não tem escolha. Você tem apenas a inspiração e age de acordo com ela, sem pensar. Ela apenas existe."

Uau! Esse discernimento realmente me abalou. Eu me senti mal pelo fato de já ter escrito e dito que a escolha é o livre-arbítrio, quando agora aprendi que o livre-arbítrio significa que ainda estamos emperrados na memória. Quando estamos no estado zero e não existe limite, só fazemos o que existe para fazermos. Ponto final.

"É como se fizéssemos parte de uma grande sinfonia", explicou o dr. Hew Len. "Cada um de nós toca um instrumento. Eu também toco um. Os seus leitores tocam os deles. Nenhum é igual ao outro. Para que o concerto seja tocado e todos o apreciem, eles precisam tocar o instrumento deles e não o de outra pessoa. Nós nos metemos em apuros quando não pegamos o nosso instrumento ou achamos que o de outra pessoa é melhor. Isso é a memória."

Comecei a perceber que o concerto tem ajudantes de palco, promotores e a equipe da limpeza. Todo mundo tem um papel.

Também refleti a respeito das diferentes pessoas que conheci que pareciam desconhecer totalmente o seu método individual de sucesso. Tomemos James Caan, por exemplo, o famoso ator do filme *O poderoso chefão* e da série *Las Vegas* da televisão. Estive pessoalmente com ele várias vezes. O seu estrelato é um mistério tanto para ele quanto para mim ou para você. Ele é um ator brilhante, até mesmo lendário. No entanto, tudo que ele está fazendo é ser ele mesmo. Ele está desempenhando o seu papel no roteiro do universo.

O mesmo poderia ser dito a meu respeito. Algumas pessoas que me conhecem agem como se eu fosse uma espécie de guru. Se elas me viram no filme *O segredo* ou leram um dos meus livros, especialmente *The Attractor Factor*, acham que estou conectado a um canal de comunicação direto com Deus. A verdade é que estou apenas tocando o meu instrumento no concerto da vida.

Quando você desempenha o seu papel e eu desempenho o meu, o mundo funciona. Os problemas surgem quando você tenta ser eu ou eu tento ser você.

"Quem definiu todos esses papéis?", perguntei ao dr. Hew Len.

"A Divindade", respondeu ele. "Zero."

"Quando isso foi definido?"

"Muito antes de você ou eu termos surgido até mesmo como uma ameba."

"Isso significa que o livre-arbítrio simplesmente não existe? Que estamos apenas emperrados nos nossos papéis?"

"Você tem um absoluto livre-arbítrio", respondeu o dr. Hew Len. "Você cria enquanto respira, mas, para viver a partir do zero, você precisa abandonar todas as memórias para estar nesse ponto."

Devo admitir que não compreendi completamente tudo isso. Mas a parte que eu entendi era que a minha função é tocar o meu instrumento. Se eu tocá-lo, serei então uma peça do quebra-cabeça da vida que encontrou o seu lugar. Mas, se eu tentar me encaixar em outra área do tabuleiro, isso não vai ser possível, e a imagem ficará incorreta.

"A sua mente consciente tentará compreender tudo isso", esclareceu o dr. Hew Len. "Mas a sua mente consciente percebe apenas 15 informações enquanto 15 milhões delas têm lugar o tempo todo. A sua mente consciente não tem a menor ideia do que está acontecendo."

Essa não foi uma declaração muito confortante.

Pelo menos não para a minha mente consciente.

Como mencionei anteriormente, ministrei certa vez um seminário que se chamou "The Secret of Money". Eu disse a todos os presentes que eles teriam dinheiro se fizessem uma limpeza. Se eles estavam duros, é porque não estavam purificados. Contei ao dr. Hew Len o que eu tinha feito, e ele concordou.

"As memórias podem manter o dinheiro afastado", disse ele. "Se você estiver purificado em relação ao dinheiro, você o terá. O universo o dará a você e você o aceitará. São as memórias que se repetem que o mantêm afastado de você ou que impedem você de vê-lo."

"Como posso me purificar?"

"Repetindo 'Eu te amo' o tempo todo."

"Eu digo isso para o dinheiro?"

"Você pode amar o dinheiro, mas é melhor dizê-lo para o Divino. Quando você está em zero, você não tem limite e até mesmo o dinheiro pode vir até você. Mas, quando você está na memória, você o impede de se aproximar. O dinheiro está cercado de memórias. À medida que você faz uma limpeza nelas, elas são purificadas para todo mundo."

Fomos a uma lanchonete e pedimos café. Quando chegamos, o lugar estava tranquilo, mas aos poucos as pessoas começaram a entrar e o local ficou mais movimentado e barulhento. A energia aumentou.

"Você percebeu?", perguntou o dr. Hew Len.

"O lugar está agitado", respondi. "As pessoas parecem mais felizes."

"Viemos para cá e trouxemos o nosso eu mais limpo, e o lugar está sentindo isso", comentou o dr. Hew Len.

Ele me falou a respeito dos restaurantes que frequentava na Europa. As vendas estavam fracas, mas depois que ele visitava os locais, os negócios melhoravam. Ele experimentou fazer isso em diferentes lugares para ver se a mesma coisa acontecia e constatou que sim. Ele se dirigiu então ao dono de um restaurante e perguntou: "Se nos sentarmos aqui e o seu negócio melhorar, você nos dará de graça uma refeição?" O proprietário concordou. O dr. Hew Len frequentemente conseguia comer de graça apenas por existir.

Reparei que ele dava livremente o seu dinheiro. Fomos a uma pequena loja. Ele comprou algumas peças de vitral para os amigos. Em seguida, ele jogou uma nota de vinte dólares sobre o balcão e disse: "E isto é para você!" O balconista ficou naturalmente surpreso. O dr. Hew Len acrescentou: "É apenas dinheiro!"

Mais tarde, em um restaurante, dei uma gorjeta enorme para a garçonete. Ela ficou olhando, boquiaberta. "Não posso aceitar isso", retrucou ela. "Claro que pode", repliquei.

Mais tarde ainda, tive a ideia de lançar um produto que eu tive certeza de que me faria ganhar muito dinheiro. O dr. Hew

Len ressaltou o seguinte: "O universo recompensou a sua generosidade. Você deu, de modo que ele está retribuindo. Ele lhe ofereceu essa inspiração. Se você não tivesse sido generoso, ele não o estaria sendo agora."

Ah, e ali estava o verdadeiro segredo do dinheiro.

"Nós, americanos, nos esquecemos de que isso está escrito no nosso dinheiro, 'In God We Trust'",* comentou o dr. Hew Len. "Nós imprimimos a frase, mas não acreditamos nela."

Em determinado momento, o dr. Hew Len me perguntou a respeito da empresa de produtos alimentícios que eu criara com um médico e um nutricionista. Nós a criamos para comercializar um produto natural para baixar o colesterol que chamamos de Cardio Secret (Visite www.cardiosecret.com). O dr. Hew Len tinha conversado comigo havia algum tempo a respeito do nome do produto e da natureza da empresa. Ele estava curioso para saber como as coisas estavam indo.

"Na verdade, as coisas estão em suspenso no momento", respondi. "Contratei um advogado da Food and Drug Administration (FDA)** para examinar o nosso site e as nossas embalagens, e estamos esperando um contato dele. No entanto, por ter trabalhado com esse produto, tive a ideia de produzir outro ainda mais interessante, uma coisa que eu chamo de Fit-A-Rita."

Prossegui explicando que Fit-A-Rita é uma mistura natural de margarita. (Visite www.fitarita.com.) Obtive a ideia de fabricá-la certa vez em que tinha saído para beber com amigos. Eu estava participando de mais um concurso de fisiculturismo na ocasião, de modo que tomar uma margarita era uma coisa rara e especial para mim. Enquanto bebia, eu disse o seguinte: "Na verdade, o que

---

* Frase que significa "Em Deus confiamos" e que está impressa na nota de um dólar dos Estados Unidos. (N. da T.)
** Repartição do governo americano que testa, controla e inspeciona alimentos e remédios. (N. da T.)

precisamos é de uma Margarita para os Fisiculturistas." Assim que terminei a frase, tive certeza de que a ideia era boa.

"Estou feliz por você, Joseph", comentou o dr. Hew Len. "Você não estava apegado ao primeiro produto nem querendo que as coisas saíssem da maneira como você queria, de modo que o Divino lhe concedeu uma nova ideia lucrativa. Muitas pessoas se fixam em uma ideia e tentam forçá-la a se encaixar nas suas expectativas, mas elas estão na verdade bloqueando a riqueza que desejam receber. Estou feliz por você, Joseph, muito feliz."

É claro que ele está certo. Enquanto eu permanecer aberto às ideias do Divino, elas continuarão a chegar. Além do produto Fit-A-Rita, também recebi a ideia de que deveria fabricar "suportes de limpeza". São suportes que você coloca debaixo da comida para purificá-la antes de comer. (Visite www.clearingmats.com.) Mas as ideias não pararam por aí. O dr. Hew Len também teve uma.

"Nunca vi um site que fizesse uma limpeza nas pessoas enquanto elas estão sentadas olhando para a tela", observou o dr. Hew Len. "Vamos fazer dessa maneira o nosso site do livro. Quando as pessoas navegarem nele, estarão sendo purificadas pelo que introduzimos nele."

Fizemos exatamente isso também. Veja por si mesmo em www.zerolimits.info.

Não existe um fim para a quantidade de ideias e dinheiro que você pode receber quando abandona a sua necessidade e deixa que tudo venha para você. O segredo, como sempre, é apenas continuar a purificar, purificar, purificar.

"O que os terapeutas devem fazer quando atendem os clientes?", perguntei, desejoso de investigar métodos específicos para ajudar a curar as pessoas.

"Simplesmente amá-las", respondeu o dr. Hew Len.

"Mas e se uma pessoa nos procura porque estava traumatizada em algum momento e ainda não conseguiu superar o problema?", perguntei, com a intenção de encurralar o dr. Hew Len e obrigá-lo a me fornecer um método que eu pudesse utilizar.

"Tudo o que as pessoas desejam é ser amadas", replicou ele. "Não é o que você quer? O que você diz é irrelevante, desde que você ame a pessoa."

"Então eu poderia ser junguiano, freudiano, reichiano ou qualquer outra coisa?"

"Isso não tem importância", enfatizou o dr. Hew Len. "O que interessa é que você ame a pessoa porque ela é uma parte de você, e o fato de você amá-la ajudará a apagar, limpar e purificar o programa que foi ativado na vida dela."

Eu não estava conformado com aquela resposta, embora entendesse o que ele estava querendo dizer.

"Mas e se uma pessoa for comprovadamente maluca?"

"Uma mulher considerada esquizofrênica me procurou certa vez", começou ele. "Pedi a ela que me contasse a sua história. É importante que você entenda que o verdadeiro problema não tem nada a ver com o que essa pessoa, ou qualquer outra, me conte. A história delas é a maneira como elas conscientemente interpretam os eventos. O que está realmente acontecendo não está ao alcance da consciência delas. No entanto, o ponto de partida é ouvir a história."

"O que ela disse?"

"Ela contou a sua história, e eu ouvi. Enquanto ela falava, eu repetia mentalmente, sem cessar, para o Divino: 'Eu te amo', confiante de que o que precisava ser purificado seria purificado. Em determinado momento, ela me disse o nome todo dela, que era um daqueles nomes escritos com um hífen."

"Como Vitale-Oden ou algo assim?"

"Exatamente. O nome dividido cria uma personalidade dividida. Ela precisava assumir o seu nome de nascimento."

"Você pediu a ela que mudasse legalmente de nome?"

"Ela não precisou chegar a esse ponto", explicou o dr. Hew Len. "Ao dizer a si mesma o seu nome em um única palavra, ela começou a relaxar e se sentir completa novamente."

"Mas o que fez diferença para ela: a mudança de nome ou você dizer 'Eu te amo'?"

"Quem sabe?"

"Mas eu quero saber", repliquei. "Iniciei um programa de *Coaching* de Milagres em www.miraclescoaching.com. Quero ter certeza de que os meus *coaches* estão dizendo e fazendo a coisa certa para que realmente possam ajudar as pessoas."

Ele prosseguiu explicando que os terapeutas acham que estão aqui para ajudar ou salvar as pessoas. No entanto, a função deles na realidade é curar a si mesmos do programa que veem nos pacientes. À medida que essas memórias são canceladas no terapeuta, elas vão sendo canceladas no paciente.

"Não importa o que você ou os seus *coaches* possam dizer ou fazer desde que continuem a amar a pessoa com quem estão", explicou ele novamente. "Lembre-se de que a pessoa que você vê no espelho é você. Você compartilha a experiência dela. Faça uma limpeza no programa compartilhado e vocês dois ficarão bem."

"Mas como?"

"Eu te amo", respondeu o dr. Hew Len.

Estou começando a sentir um tema aqui.

Venho tentando descobrir como o mundo funciona desde que eu tinha idade suficiente para ler livros infantis e, depois, histórias em quadrinhos. "Super-Homem" e "The Flash" eram fáceis de entender. Hoje, preciso lidar com a ciência, a religião, a psicologia e a filosofia, bem como com as minhas próprias divagações mentais.

Quando acho que estou conseguindo lidar com as coisas, surge outro livro para perturbar a minha visão de mundo. Dessa vez eu estava lendo *Consciousness Speaks,* de Balsekar, quando comecei a ter uma dor de cabeça.

Se eu tivesse que resumir a mensagem do livro nas palavras de um homem confuso por estar lendo-o, eu diria que nada que fazemos tem origem no livre-arbítrio. Tudo está sendo instigado através de nós. Achamos que somos os atores conscientes. Estamos errados.

Essa é a conversa do nosso ego. De certa forma, somos marionetes, e o Divino é a energia que existe em nós e que nos dirige.

Imagine agora o seguinte:

Sou o cara que escreveu *The Attractor Factor*, um livro que explica um processo de cinco passos por meio dos quais você pode ter, fazer ou ser qualquer coisa que deseje. Eu e outras pessoas usamos o método para atrair tudo o que é possível, como riqueza, carros, cônjuges, saúde, empregos e qualquer outra coisa que você escolha. Tudo consiste em declarar a nossa intenção e depois agir em função do que acontece ou irrompe dentro de nós para fazer com que ela se manifeste. Em resumo, nós somos o titereiro e o mundo é a nossa marionete.

Então, como eu encaixo essas duas filosofias aparentemente conflitantes na minha cabeça sem ficar maluco?

Acho que a coisa funciona da seguinte maneira:

Em primeiro lugar, estamos vivendo em um mundo acionado pelas convicções. Independentemente daquilo em que você acredita, essa convicção funcionará. De qualquer forma, levará você até o fim do seu dia. Ela moldará as suas experiências e as transformará em ideias que fazem sentido para você. E quando alguma coisa acontece que não parece combinar com o seu sistema de visão de mundo/crenças, você encontrará uma maneira de racionalizá-la e obrigá-la a se encaixar no que você quer. Ou então você toma um tranquilizante.

Em segundo lugar, não consigo deixar de me perguntar se as duas filosofias estão certas: nós somos a marionete e o titereiro. Mas isso só funciona quando desimpedimos o nosso próprio caminho. É a nossa mente que nos faz beber demais, comer demais, nos divertir, roubar, mentir e até mesmo passar tempo demais nos preocupando com a maneira como o mundo funciona. A nossa mente atrapalha o fluxo natural das coisas. A nossa mente sabe que está condenada e não consegue suportar essa ideia, de modo que constrói vícios que fazem com que ela se sinta bem e que podem ajudá-la a sobreviver. Na realidade (seja lá o que *isso* for), a sua mente é a interferência que impede que você experimente a bem-aventurança deste momento.

Se é este o caso, então todas as técnicas de purificação – que eu menciono no terceiro passo em *The Attractor Factor* – estão presentes para ajudá-lo a retirar a *interferência* do plano Divino.

Por exemplo, quando você usa um método como a Técnica da Liberdade Emocional (EFT)* – a abordagem de expulsar aos poucos as dificuldades da sua vida –, você dissolve os problemas que o estão perturbando.

Mas e depois, o que acontece?

Depois você toma uma medida positiva.

Bem, você não ia tomar essa medida positiva de qualquer maneira?

Não foi por esse motivo que você soube que havia um problema para início de conversa?

Em outras palavras, a cutucada para que você entrasse em ação foi enviada para você pelo Divino, e a ansiedade que você sentiu em relação à ação foi a interferência. Elimine a interferência e você voltará a ser um só com o Divino, o que significa que você é novamente a marionete e o titereiro.

Vou então tentar resumir o que faz sentido para mim, pelo menos hoje:

Você chegou ao mundo com um dom. Você pode saber de imediato qual ele é ou não. Você pode nem mesmo saber agora qual dom é esse. Em algum momento você o sentirá dentro de você. A sua mente irá avaliá-lo. Se ela considerá-lo nocivo, você irá procurar a terapia, ou métodos, drogas ou vícios para lidar com ele, escondê-lo, resolvê-lo, liberá-lo ou aceitá-lo. Mas, depois que você remover essa interferência que o está impedindo de agir em função do seu dom, você agirá de acordo com ele. Em resumo, você será a marionete do Divino, mas será o titereiro da sua vida.

A sua escolha é seguir ou não a corrente.

---

* Sigla da expressão em inglês Emotional Freedom Technique. (N. da T.)

Isso é o livre-arbítrio. Algumas pessoas o chamam de "livre-não-arbítrio" porque a sua verdadeira decisão é agir ou não em função do impulso.

Mesmo o grande apresentador e profissional de marketing P. T. Barnum, a respeito de quem escrevi no meu livro *There's a Customer Born Every Minute*, sabia disso. Ele entrou em ação. Fez coisas em grande escala. Mas ele estava sempre obedecendo a uma ordem mais elevada. A sua lápide exibe a seguinte frase: "Que seja feita a tua vontade, não a minha."

Ele agia em função das suas ideias sem a interferência da mente, e deixava que os resultados fossem o que fossem, confiante de que tudo fazia parte de uma realidade mais abrangente. Ele era capaz de entregar os pontos enquanto agia.

E esse é o quinto passo do meu livro *The Attractor Factor*.

Hoje eu entendi o mundo. (Eu acho.)

Amanhã não tenho tanta certeza.

Sinto saudade das histórias em quadrinhos.

"Todo mundo tem um dom", comentou o dr. Hew Len em um dos nossos passeios.

"E Tiger Woods?",* perguntei, sabendo a resposta mas querendo fazer depois uma pergunta mais profunda.

"Ele está desempenhando o seu papel no drama Divino."

"Mas e quando ele começar a ensinar outras pessoas a jogar golfe?"

"Ele nunca será bem-sucedido", afirmou o dr. Hew Len. "O papel dele é jogar golfe, e não ensinar os outros a jogar golfe. Esse é o papel de outra pessoa. Cada um de nós tem a sua função."

"Até mesmo um porteiro?"

"Claro! Existem porteiros e lixeiros que adoram o que fazem", retrucou ele. "Você não pensa assim porque está imaginando como

---

* Nascido em 1975, na Califórnia, Tiger Woods foi o mais jovem golfista a conquistar o Campeonato Amador dos EUA e é considerado um dos maiores golfistas de todos os tempos. (N. da T.)

seria desempenhar a função deles. Mas eles tampouco são capazes de desempenhar a sua."

A ideia é não resistir ao seu papel. Eu poderia desejar ser um compositor como Michelle Malone, um ator como James Caan, um fisiculturista como Frank Zane ou um escritor como Jack London. E talvez pudesse até mesmo me tornar muito competente em compor músicas, em representar, em me exercitar ou em escrever romances. Mas o meu papel é o de *inspirador*. Escrevo livros para despertar as pessoas ou, para ser mais exato, para despertar a mim mesmo.

À medida que eu me desperto, desperto você.

Charutos, hambúrgueres e matando o Divino

A limpeza ajuda a reduzir a hipoteca sobre a sua alma.
– Dr. Ihaleakala Hew Len

Certo dia, o dr. Hew Len quis sair para comer alguma coisa. Era uma segunda-feira à noite. Estávamos na minha pequena cidade, onde todo mundo está ocupado entretendo turistas no fim de semana, de modo que frequentemente os lugares fecham às segundas-feiras para recuperar o fôlego. Só consegui me lembrar de um local que estaria aberto, um lugar que vendia hambúrgueres chamado Burger Barn. Eu nem mesmo estava com vontade de mencionar o lugar, já que imaginava que o dr. Hew Len não iria querer comer algo que não fosse saudável. Além disso, devido à minha mudança de estilo de vida e aos meus novos hábitos alimentares, eu nem mesmo ousava passar perto de um lugar que vendesse fast-food. Mas mesmo assim eu o mencionei para o dr. Hew Len.

"Eu adoraria comer um hambúrguer!", exclamou ele, obviamente entusiasmado.

"Tem certeza?", perguntei.

"Claro! Adoro um bom hambúrguer."

Fomos então para o Burger Barn, e estacionei o carro. Entramos e nos sentamos. O cardápio não continha muitas opções de comidas saudáveis.

"Quero um cheeseburger de dois andares no pão branco", pediu o dr. Hew Len.

Fiquei boquiaberto. Na minha opinião, aquela comida era precursora de um ataque do coração. Carne? Queijo? Ainda por cima no pão branco? Eu não conseguia acreditar. Também não conseguia acreditar que eu pedira a mesma coisa. Imaginei que, se era bom para o xamã, também deveria ser bom para mim.

"Você não está preocupado com o queijo, a carne e o pão?", perguntei.

"Nem um pouco", retrucou ele. "Como um cachorro-quente apimentado todos os dias no café-da-manhã. Adoro esse tipo de comida."

"Mesmo?"

"O que é perigoso não é a comida", explicou o dr. Hew Len, "e sim o que você pensa a respeito dela."

Eu ouvira esse comentário antes, mas jamais acreditara nele. Eu pressupunha que o sólido sobrepujasse o pensamento. Mas talvez eu estivesse errado.

Ele prosseguiu explicando o seguinte: "Antes de comer qualquer coisa, digo mentalmente para a comida: 'Eu te amo! Se estou trazendo qualquer coisa para esta situação que faria com que eu me sentisse mal enquanto estivesse comendo você, não é você! Não é nem mesmo eu! É algo que ativa aquilo pelo que estou disposto a ser responsável!' Em seguida saboreio a refeição, porque agora a comida está purificada."

Uma vez mais o discernimento do dr. Hew Len me surpreendeu e me despertou. Eu passara tanto tempo lendo a respeito de problemas de saúde e advertências sobre a comida que não conseguia apreciar um simples hambúrguer. Decidi então fazer uma limpeza. Quando a comida chegou, eu a comi com grande prazer.

"Este é o melhor hambúrguer que já comi", disse o dr. Hew Len. Ele estava tão impressionado que pediu para falar com o cozinheiro e em seguida agradeceu ao homem. Este não estava acostumado a que as pessoas elogiassem os seus hambúrgueres fritos em uma grande quantidade de óleo, de modo que não soube o que dizer.

Nem eu.

Fiquei ansioso quando mostrei a minha casa para o dr. Hew Len. Tenho charutos na sala de ginástica. Parece irônico eu me exercitar de manhã e fumar à noite, mas a minha vida é assim. Entretanto, eu estava preocupado com a possibilidade de o dr. Hew Len fazer algum comentário sobre o fato de eu fumar.

Mostrei a ele os meus diferentes tipos de aparelhos, fotografias de fisiculturistas famosos nas paredes e os certificados que recebi dos concursos de preparo físico dos quais participei. Tentei mantê-lo afastado dos charutos que estavam sobre um banco, mas ele reparou neles.

"O que é isto?", perguntou.

"Charutos", respondi com um suspiro.

"Você fuma enquanto se exercita?"

"Não, eu fumo à noite", expliquei. "É a hora em que medito. Eu me sento no terraço, fumo e sinto gratidão pela minha vida."

O dr. Hew Len ficou em silêncio por um momento. Eu esperava que ele começasse a enumerar todas as estatísticas que mostram por que fumar faz mal à saúde. Finalmente, ele disse:

"Acho lindo."

"Você acha?", perguntei.

"Acho que você deveria fumar um charuto com o seu Panoz."

"Como assim? Tirar uma foto ao lado de Francine com um charuto na mão?"

"Pode ser, mas eu estava pensando em você fumar enquanto dá um polimento no carro ou tira o pó dele."

"Achei que você ia me ridicularizar por fumar", acabei confessando a ele. "Uma pessoa leu o meu blog, viu que eu mencionava charutos e me escreveu dizendo que eu estava colocando toxinas no meu corpo e causando dano a mim mesmo."

"Imagino que essa pessoa nunca tenha ouvido falar no costume dos índios norte-americanos de passar o cachimbo da paz", comentou ele, "ou em como fumar em muitas tribos é um rito de passagem e também uma maneira de estabelecer um vínculo, compartilhar e ser uma família."

Eu estava novamente aprendendo que o segredo para o dr. Hew Len é amar todas as coisas. Quando fazemos isso, a coisa se modifica. Fumar faz mal quando achamos que faz mal; os hambúrgueres são nocivos quando achamos que eles são nocivos. Como acontece com tudo nas antigas tradições havaianas, tudo começa com o pensamento, e o grande agente de cura é o amor.

Eu estava finalmente começando a compreender o dr. Hew Len e a perceber como é importante chegar ao estado de limite zero.

Mas nem todo mundo sentia o mesmo que eu.

Certa noite, ofereci um telesseminário e contei a todo mundo as minhas experiências com o dr. Hew Len, cuja maioria eu descrevi aqui. As pessoas ouviram atentamente e fizeram perguntas. Pareciam entender o que eu estava explicando. Mas para minha surpresa, no final da chamada, elas retomaram o seu modo habitual de pensar. Embora todas tenham concordado que precisamos assumir 100% de responsabilidade pela nossa vida, aquelas pessoas estavam, uma vez mais, falando sobre os outros. Embora todas tivessem concordado que o método de limpeza que o dr. Hew Len me ensinou era poderoso, elas retornaram aos antigos hábitos.

Certa mulher declarou: "Não quero dizer 'Sinto muito', porque eu vou me tornar a coisa que eu disser depois disso."

Tive vontade de dizer: "Bem, podemos fazer uma limpeza nisso", sabendo que a declaração dela era apenas uma convicção. No entanto, apenas comentei o seguinte: "O dr. Hew Len diz que devemos fazer o que funciona para nós."

Admito que inicialmente achei isso frustrante, mas depois compreendi que *eu* também tinha que fazer uma limpeza nisso. Afinal de contas, se eu assumo 100% de responsabilidade pelo que eu experimento, eu estou experimentando *aquelas pessoas*. E se a única ferramenta que posso usar para fazer a purificação é "Eu te amo", então eu preciso fazer uma limpeza no que vejo nos outros, já que o que eu vejo neles está *em mim*.

Essa pode ser a parte do ho'oponopono mais difícil de entender. Não há nada lá fora. Tudo está em você. Tudo que você experimenta, você o faz dentro de si mesmo.

Um homem me lançou um desafio em relação a essa questão, perguntando: "E os cinquenta milhões de pessoas que votaram no presidente que eu não gosto? Eu claramente nada tive a ver com as ações delas!"

"Onde você experimenta esses cinquenta milhões de pessoas?", indaguei.

"O que você quer dizer com 'onde eu as experimento'?", retorquiu ele. "Eu leio a respeito delas, eu as vejo na televisão e é um fato que elas votaram nele."

"Mas onde você experimenta todas essas informações?"

"Na minha cabeça, como notícias."

"Dentro de você, certo?", perguntei.

"Bem, eu processo as informações dentro de mim, sem dúvida, mas *elas* estão fora de mim. Não tenho cinquenta milhões de pessoas dentro de mim."

"Na verdade, você tem", disse eu. "Você as experimenta em você, de modo que elas só existem se você olhar dentro de si mesmo."

"Mas eu posso olhar lá fora e vê-las."

"Você as vê dentro de si mesmo", afirmei. "Tudo o que você processa está em você. Se você não processar uma coisa, ela não existe."

"Isso é como a questão de se uma árvore cai na floresta e não há ninguém presente, ela faz um barulho?"

"Exatamente."

"Isso é loucura."

"Exatamente", concordei. "Mas é o caminho de casa."

Decidi então testá-lo um pouco mais. Perguntei: "Você é capaz de me dizer qual será o seu próximo pensamento?"

Ele ficou quieto por um momento, desejando dar uma resposta, mas compreendeu que não poderia fazê-lo.

"Ninguém pode prever o que vai pensar em seguida", eu disse. "Você pode verbalizar o pensamento depois que lhe ocorrer, mas o pensamento em si surge do inconsciente. Você não tem controle sobre ele. A única escolha que você tem a fazer é agir ou não em função do pensamento depois que ele aparece."

"Não entendi."

"Você pode fazer uma série de coisas depois que o pensamento surge, mas ele está sendo gerado no seu inconsciente", expliquei. "A fim de limpar o inconsciente para ter melhores pensamentos, você precisa fazer outra coisa."

"Como por exemplo?"

"Bem, estou escrevendo um livro a respeito do assunto", retruquei, referindo-me ao livro que você tem agora nas mãos.

"E o que isso tem a ver com os cinquenta milhões de pessoas lá fora?"

"Elas não estão mais lá fora do que os seus pensamentos", eu disse. "Tudo está dentro de você. Tudo o que você pode fazer é uma limpeza a fim de remover o repositório de programas na sua mente. À medida que você vai fazendo a limpeza, os pensamentos que surgem vão sendo mais positivos, produtivos e até mesmo amorosos."

"Ainda acho que tudo isso é loucura", disse ele.

"Vou fazer uma limpeza nisso", retruquei.

É extremamente provável que ele nunca tenha entendido, mas, para que eu chegue ao limite zero, preciso assumir a total responsabilidade pelo fato de ele não estar entendendo. A memória dele é a minha memória. O programa dele é o meu programa. O fato de ele o ter expressado para mim significa que eu o compartilho com ele. Assim, à medida que eu for me livrando do programa, o mesmo acontecerá com o homem.

Enquanto escrevo estas linhas, estou dizendo "Eu te amo" nos meus pensamentos, por trás das palavras, por trás da digitação, por trás do computador, nos bastidores. O fato de eu dizer "Eu te amo" enquanto trabalho, escrevo, leio, me divirto, converso ou penso é a minha tentativa de purificar, apagar e eliminar tudo entre mim e zero.

Você consegue sentir o amor?

Certa manhã, o dr. Hew Len disse que visualizou um logotipo para mim contendo um trevo de quatro folhas. "A quarta folha é de ouro, como uma língua", acrescentou. Ele passou vários minutos descrevendo o que via na sua mente ou no ar. Não tenho certeza de onde ele estava obtendo a sua impressão. E ele tampouco.

"Você precisa encontrar um artista que faça um esboço do logotipo para você", comentou o dr. Hew Len.

Mais tarde, fomos dar uma volta a pé na cidade. Almoçamos e depois visitamos algumas lojas. A primeira delas continha trabalhos artísticos em vitral. Ficamos impressionados. Enquanto admirávamos o trabalho manual da dona da loja, ela disse: "Se algum dia precisarem de um logotipo ou um esboço, podemos desenhá-lo para vocês."

O dr. Hew Len sorriu e se inclinou para mim, e eu sorri e me inclinei para ele. Atuar a partir do zero fez o sincronismo acontecer.

Enquanto eu estava escrevendo esta parte do livro, precisei parar para ser entrevistado sobre outro filme. É como *O segredo*, mas está voltado para ficarmos saudáveis com os nossos pensamentos. Comecei a entrevista dizendo que os pensamentos não eram tão importantes quanto a ausência deles. Tentei explicar o estado de existir com limite zero, no qual deixamos que o Divino nos cure; não curamos a nós mesmos. Eu não tinha certeza do motivo pelo qual estava dizendo tudo isso. Parte de mim estava questionando a minha sanidade mental, mas mesmo assim segui a corrente.

Depois que a câmera foi desligada, a mulher que observava tudo quase gritou que cura as pessoas entrando no estado zero. Acontece que ela é uma médica que hoje cura animais entrando no estado de existir com limite zero, sem pensamentos, quando está na presença dos animais doentes. Ela me mostrou fotografias de cachorros com catarata, e depois as fotos desses mesmos animais completamente curados.

Uma vez mais, o Divino estava provando que é Ele quem tem todo o poder, não eu. Tudo o que eu possa fazer é uma limpeza para poder ouvi-lo e obedecer-lhe.

Ontem à noite, passei uma hora e meia no telefone com um autor de best-sellers e guru de autoajuda. Sou fã dele há anos. Adoro os livros dele. Sou um admirador da mensagem que ele passa. Como ele também aprecia o meu trabalho, finalmente entramos em contato um com o outro e conversamos. No entanto, fiquei aturdido com a nossa conversa.

Esse especialista em desenvolvimento pessoal me descreveu uma horrível e verdadeira história dos mais recentes anos da sua vida. Ele sofrera abuso e fora hostilizado por uma pessoa que ele amava. Enquanto eu ouvia, fiquei me perguntando como ele podia dizer que era uma vítima quando a mensagem que ele publicava era que devemos assumir a responsabilidade pela nossa vida.

Comecei a me dar conta de que quase todo mundo – até mesmo os especialistas em autoajuda que tentam nos ensinar como devemos viver (inclusive eu) – não tem a menor ideia do que está fazendo. Falta a essas pessoas uma peça do quebra-cabeça. Essas pessoas chegam a um ponto em que pensam que o que funcionou no passado para elas sempre dará certo no futuro, tanto para elas quanto para todas as outras pessoas. No entanto, a vida não é assim. Somos todos diferentes, e a vida está sempre mudando. Justo quando pensamos que descobrimos tudo, surge uma mudança e a nossa vida mais uma vez se descontrola.

O dr. Hew Len nos ensina a entregar os pontos e confiar no Divino enquanto purificamos constantemente os pensamentos e as experiências que vêm à tona no que diz respeito a ouvir o Divino. Por meio desse trabalho contínuo, podemos eliminar as ervas daninhas dos programas para que possamos conduzir melhor a vida com tranquilidade e dignidade.

Enquanto eu ouvia o autor de autoajuda narrar a sua jornada de calamidades, repeti o tempo todo "Eu te amo" para o Divino, em silêncio, dentro da minha mente. Quando parou de falar, ele pareceu mais leve e mais feliz.

O dr. Hew Len está sempre lembrando a mim e a todas as outras pessoas: "O Divino não é um *concierge*. Não pedimos coisas; nós simplesmente fazemos uma limpeza."

Eu adorava passar momentos com o dr. Hew Len. Ele nunca pareceu se importar com as minhas perguntas. Certo dia, perguntei a ele se havia métodos avançados de purificação. Afinal de contas, ele pratica ho'oponopono há mais de 25 anos. Com certeza ele criou ou recebeu outros métodos além de "Eu te amo" para eliminar as memórias.

"Que tipo de limpeza você faz hoje em dia?", perguntei.

Ele deu uma risadinha e disse: "Eu mato o Divino."

Fiquei aturdido.

"Você mata o Divino?", repeti, perguntando aos meus botões o que ele estaria querendo dizer.

"Eu sei que até mesmo a inspiração está um pouco afastada do estado zero", disse o dr. Hew Len. "Tenho a informação de que preciso matar o Divino para estar em casa."

"Mas como matamos o Divino?"

"Continue a limpeza", disse ele.

Sempre, sempre, sempre, tudo voltava ao único refrão que curava todas as feridas: "Eu te amo", "Sinto muito", "Por favor, me perdoa", "Obrigado".

Quando estive em Varsóvia, na Polônia, no final de 2006, decidi apresentar a ideia de limite zero e do estado zero à minha audiência. Passei dois dias lá falando sobre o marketing hipnótico e o meu livro *The Attractor Factor*. Descobri que as pessoas eram abertas, amorosas e estavam ávidas por aprender. Assim, ensinei a elas o que compartilhei aqui com você, ou seja, que somos responsáveis por tudo que acontece na nossa vida e que a maneira de curar tudo é simplesmente dizer "Eu te amo".

Embora a minha apresentação tenha sido feita com a ajuda de um tradutor, todos pareciam estar absorvendo cada palavra que eu pronunciava. Mas um homem me fez uma pergunta interessante:

"As pessoas aqui na Polônia passam o dia inteiro rezando para Deus e indo à igreja, e no entanto tivemos guerra, a nossa cidade foi bombardeada por Hitler, vivemos muitos anos debaixo de uma lei marcial e temos sofrido. Por que essas orações não funcionaram, e o que essa prece havaiana tem de diferente?"

Fiz uma pausa para pensar na resposta correta, desejoso de que o dr. Hew Len estivesse presente para me ajudar. Em seguida, dei a seguinte resposta:

"As pessoas não recebem o que dizem, mas sim o que sentem. A maioria das pessoas que rezam não acredita que será ouvida ou ajudada. Quase todas as pessoas rezam porque estão desesperadas, o que significa que atrairão uma quantidade maior do que estão sentindo, ou seja, de desespero."

O homem que fez a pergunta pareceu entender e aceitar a minha resposta. Ele assentiu com a cabeça. No entanto, quando voltei aos Estados Unidos, escrevi para o dr. Hew Len e perguntei-lhe o que ele teria respondido. Ele me respondeu com o seguinte e-mail:

Ao Akua:

Obrigado pela oportunidade de fazer uma limpeza no que quer que esteja acontecendo em mim que eu vivencio como a sua pergunta.

Uma americana apareceu certa vez em uma aula que eu estava ministrando em Valência, na Espanha, há dois anos. "O meu neto estava com câncer", ela me disse em um intervalo. "Rezei por ele, pedindo que ele não morresse, mas ele morreu mesmo assim. Por quê?"

"Você rezou pela pessoa errada", respondi. "Era melhor ter rezado por você mesma, pedindo perdão pelo que estivesse acontecendo em você que você estava experimentando como a doença do seu neto."

As pessoas não se veem como a origem das suas experiências. Raramente o suplicante dirige as suas preces para o que está acontecendo nele mesmo.

Paz do Eu.

Ihaleakala

Adorei a resposta perfeitamente sincera do dr. Hew Len. Repetidamente, o tema dele é que nada está fora de nós. A maioria das pessoas reza como se não tivesse nenhum poder ou responsabilidade. Entretanto, no ho'oponopono, somos totalmente responsáveis. A "prece" é pedir perdão pelo que quer que haja em você que causou a circunstância externa. A prece é religar-se ao Divino. O resto é acreditar que o Divino irá curá-lo. À medida que você for ficando curado, o mesmo acontecerá com o que está do lado de fora. Tudo, sem exceção, está dentro de você.

Larry Dossey expressou bem essa ideia no seu livro *Healing Words*: "Precisamos nos lembrar nessas ocasiões de que a prece, na sua função de ponte para o Absoluto, *não tem um índice de fracasso*. Ela funciona 100% das vezes – a não ser que impeçamos essa realização ao permanecer alheios a ela."

Uma coisa estava me incomodando em relação ao meu trabalho com o dr. Hew Len.

À medida que eu continuava a crescer e ter novas ideias, comecei a ficar preocupado, achando que todos os meus livros anteriores estavam incorretos e iriam induzir as pessoas ao erro. Em *The Attractor Factor*, por exemplo, elogiei o poder da intenção. Agora, anos depois de escrever o livro, eu sabia que a intenção era um divertimento do tolo, um brinquedo do ego, e que a verdadeira fonte do poder é a inspiração. Eu agora também sabia que aceitar a vida é o grande segredo da felicidade, e não controlar a vida. Um enorme número de pessoas, inclusive eu, estava fazendo visualizações e afirmações para manipular o mundo. Agora eu sabia que isso não é necessário. O melhor que temos a fazer é seguir a corrente enquanto purificamos constantemente qualquer coisa que apareça no nosso caminho.

Comecei a me sentir como Neville Goddard deve ter se sentido. Neville é um dos meus autores místicos prediletos. O tema dos seus primeiros livros era que criamos a nossa realidade transformando o "sentimento em fato". Ele chamava isso de "a lei" em livros como *The Law and the Promise*. "A lei" dizia respeito à nossa capacidade de influenciar o mundo com o sentimento. "A promessa" aludia à ideia de nos submetermos à vontade de Deus com relação a nós.

Neville começou a sua carreira ensinando as pessoas a obter o que desejam com o que ele chamou de "imaginação desperta". A breve descrição dessa frase se refere à citação predileta de Neville: "A imaginação cria a realidade." O seu primeiro livro se chamou *At Your Command,* que eu mais tarde atualizei. Nele, Neville explicou que o mundo está, de fato, "sob o nosso domínio". Basta dizermos ao Divino ou a Deus o que queremos, e nos será entregue. No entanto, nos seus anos mais maduros, depois de 1959, Neville despertara para um poder maior: o de nos entregarmos e deixarmos que o Divino atue *através* de nós.

O fato é que ele não poderia recolher os seus livros anteriores como um fabricante de automóveis que poderia fazer o *recall* de um carro defeituoso. Não tenho a menor ideia se isso o deixou aborrecido. Imagino que não. Ele os deixou no mundo porque sentiu que "a lei" era útil para ajudar as pessoas a enfrentar os golpes da vida. Mas eu queria fazer o *recall* dos meus livros. Eu sentia que eles estavam induzindo as pessoas ao erro. Eu disse ao dr. Hew Len que eu estava me sentindo como se prestasse um desserviço ao mundo.

"Os seus livros são como uma escada", explicou o dr. Hew Len. "As pessoas se encontram em diferentes degraus ao longo do caminho. Os seus livros falam com elas onde elas estão. À medida que elas usam um determinado livro para crescer, ficam prontas para o seguinte. Você não precisa fazer o *recall* de nenhum livro. Todos são perfeitos."

Enquanto eu pensava nos meus livros, em Neville, no dr. Hew Len e em todos os leitores do passado, do presente e do futuro, tudo que pude dizer foi: "Sinto muito, por favor, me perdoa, obrigado, eu te amo."

Purifique. Purifique. Purifique.

A verdade por trás da história

Não é culpa sua, mas é sua responsabilidade.
— Dr. Joe Vitale

Eu ainda tinha perguntas a fazer ao dr. Hew Len. Ele não tinha me contado toda a história a respeito do seu trabalho no hospital psiquiátrico.

"Você nunca viu os pacientes?", perguntei de novo certo dia. "*Nunca?*"

"Eu os via no corredor, mas nunca os atendi como pacientes no meu consultório", respondeu ele. "Certa vez um deles me disse: 'Você sabe que eu poderia matá-lo.' 'Aposto que você poderia fazer um bom trabalho', repliquei."

O dr. Hew Len prosseguiu dizendo: "Quando comecei a trabalhar com os criminosos com problemas mentais no hospital estadual, tínhamos três ou quatro ataques importantes por dia entre os pacientes. Naquela época, havia mais ou menos trinta pacientes na ala. As pessoas eram algemadas, colocadas no isolamento ou ficavam restritas à ala. Os médicos e as enfermeiras andavam pelos corredores de costas para a parede, com medo de serem atacados. Depois de apenas alguns meses de limpeza, testemunhamos uma mudança completa para melhor: as algemas e o isolamento foram eliminados, e as pessoas tiveram permissão para sair e fazer coisas como trabalhar e praticar esporte."

Mas o que ele fez, exatamente, para iniciar essa transformação? "Precisei assumir uma completa responsabilidade dentro de mim por ter tornado os problemas concretos fora de mim", disse ele. "Tive que purificar os meus pensamentos tóxicos e substituí-los por amor. Não havia nada errado com os pacientes. Os erros estavam em mim."

Como explicou o dr. Hew Len, nem os pacientes nem mesmo a ala sentiam amor. Assim, ele amava tudo.

"Eu olhava para as paredes e percebia que elas precisavam ser pintadas", me disse ele. "Mas a nova tinta não aderia. Descascava imediatamente. Eu então disse às paredes que as amava. Um dia, alguém decidiu pintá-las e, dessa vez, a tinta aderiu."

Esse comentário me pareceu no mínimo esquisito, mas eu estava me acostumando às coisas que ele dizia. Finalmente, fiz a pergunta que mais estivera me incomodando.

"*Todos* os pacientes foram liberados?"

"Dois deles nunca o foram", respondeu o dr. Hew Len. "Foram transferidos para outro lugar. De resto, a ala inteira ficou curada."

Ele então acrescentou algo que verdadeiramente me ajudou a compreender o poder do que ele fizera.

"Se você quiser saber como eram as coisas durante aqueles anos, escreva para Omaka-O-Kala Hamaguchi. Ela trabalhou como assistente social no período em que estive lá."

Segui o conselho dele. Ela escreveu o seguinte para mim:

Caro Joe,
Obrigada por esta oportunidade.
Quero que você saiba que estou escrevendo em colaboração com Emory Lance Oliveira, um assistente social que trabalhou na unidade com o dr. Hew Len.
Fui a assistente social designada para a recém-inaugurada unidade forense no hospital psiquiátrico estadual do Havaí. Essa unidade se chamava Closed Intensive Security Unit* (CISU). Ela

---

* Unidade de Segurança Intensiva Fechada. (N. da T.)

abrigava pacientes-detentos que frequentemente haviam cometido delitos graves e monstruosos, como assassinato, estupro, agressão, assalto, assédio e combinações desses delitos, e também tinham sido diagnosticados com graves distúrbios mentais ou com a possibilidade de tê-los.

Alguns dos pacientes-detentos tinham sido inocentados dos seus crimes por motivo de insanidade e condenados a permanecer naquele local; outros eram completamente psicóticos e necessitavam de tratamento, e outros ainda estavam lá para serem examinados e avaliados para que fosse determinada a sua aptidão para prosseguir (ou seja, se eram capazes de compreender as acusações feitas contra eles e participar da própria defesa). Alguns eram esquizofrênicos, alguns sofriam do distúrbio bipolar e outros eram mentalmente retardados, ao passo que outros haviam sido diagnosticados como psicopatas e sociopatas. Havia ainda aqueles que estavam tentando convencer os tribunais de que eram uma ou todas as coisas que acabo de relacionar.

Todos ficavam presos na unidade 24 horas por dia e só tinham autorização para sair para consultas médicas ou sessões no tribunal, e mesmo assim escoltados e com algemas nos pulsos e nos tornozelos. Passavam a maior parte do dia em um aposento de reclusão, um quarto trancado com paredes e teto de concreto, um banheiro trancado e sem janelas. Muitos estavam intensamente medicados. As atividades eram poucas e esparsas.

Os "incidentes" eram ocorrências esperadas: pacientes atacando a equipe, pacientes atacando outros pacientes, pacientes atacando a si mesmos, pacientes tentando fugir. Os "incidentes" com a equipe também representavam um problema: a equipe manipulando pacientes; problemas com drogas, licença médica e seguro de acidentes no trabalho; conflitos entre os membros da equipe; uma eterna rotatividade nos cargos de psicólogo, psiquiatra e administrador; problemas hidráulicos e elétricos etc. etc. etc. O lugar era movimentado, explosivo, deprimente e incivilizado. Nem mesmo as plantas cresciam ali.

E mesmo quando o setor foi transferido para uma nova unidade recém-reformada, muito mais segura e com uma área de recreação cercada, ninguém esperava que alguma coisa fosse realmente mudar.

Assim, quando "outro daqueles psicólogos" apareceu, todos partimos do princípio de que ele tentaria agitar as coisas e implementar programas avançadíssimos, e em seguida partiria quase tão rápido quanto chegara. Todos já havíamos visto esse filme.

Entretanto, dessa vez quem chegou foi o dr. Hew Len, que, além de ser uma pessoa bastante cordial, dava a impressão de não fazer quase nada. Ele não fazia avaliações ou diagnósticos; não oferecia nenhuma terapia e não aplicava testes psicológicos. Frequentemente chegava tarde, não comparecia às conferências sobre casos e tampouco participava do registro de informações obrigatório. Em vez disso, ele praticava um processo "esquisito" de Ho'oponopono da Identidade Própria (SIH),* que tinha alguma coisa a ver com assumir completamente a responsabilidade por si mesmo, olhar somente para si mesmo, e permitir a remoção das energias negativas e indesejadas de dentro de si mesmo – vejam só.

O mais estranho de tudo era o fato de que esse psicólogo parecia sempre à vontade e dava até mesmo a impressão de estar realmente se distraindo. Ele ria muito, divertia-se com os pacientes e com a equipe e parecia genuinamente gostar do que fazia. Ao mesmo tempo, todo mundo parecia amá-lo e apreciá-lo, mesmo parecendo que ele não trabalhava muito.

E as coisas começaram a mudar. As celas de reclusão começaram a se esvaziar; os pacientes estavam se tornando responsáveis pelas suas próprias necessidades e assuntos; também começaram a participar do planejamento e a implementar programas e projetos para si mesmos. Os níveis de medicação também estavam caindo, e os pacientes começaram a ter permissão para deixar a unidade sem estar algemados.

---

* Sigla no nome em inglês: Self I-Dentity Ho'oponopono. (N. da T.)

A unidade adquiriu vida; ficou mais calma, mais leve, mais segura, mais ativa, mais divertida e mais produtiva. As plantas começaram a crescer, os problemas hidráulicos se tornaram quase inexistentes, os incidentes de violência na unidade passaram a ser raros e a equipe pareceu mais harmoniosa, relaxada e entusiasmada. Em vez de problemas com a licença de saúde e a falta de pessoal, o excesso de pessoal e a perda de cargos se tornaram agora uma preocupação.

Duas situações específicas exerceram em mim um impacto memorável.

Havia um paciente que sofria gravemente de delírio e paranoia, tinha um histórico de violência, havia ferido com gravidade várias pessoas tanto no hospital quanto em público, do lado de fora, e havia sido internado diversas vezes em hospitais. Ele foi enviado dessa vez para a CISU por ter cometido um crime. Eu morria de medo dele. O cabelo na minha nuca ficava em pé sempre que ele estava por perto.

Foi então que, para minha grande surpresa, um ou dois anos depois de o dr. Hew Len ter aparecido, dei com ele caminhando na minha direção, escoltado sem algemas, e não senti nenhum arrepio na nuca. Eu me senti como se estivesse apenas observando, sem fazer nenhum julgamento, até mesmo quando passamos um pelo outro com o nosso ombro quase se tocando. A minha reação habitual de estar pronta para correr não se manifestou. Na realidade, reparei que ele parecia calmo. Eu não estava mais trabalhando na unidade naquela ocasião, mas eu tinha que descobrir o que havia acontecido. Soube que ele já estava fora da cela de reclusão e sem usar algemas havia algum tempo, e a única explicação era que alguns dos membros da equipe estavam praticando o ho'oponopono que o dr. Hew Len compartilhara com eles.

A outra situação teve lugar enquanto eu estava assistindo ao noticiário na televisão. Eu tinha tirado um dia de folga para cuidar da minha saúde mental, ficando afastada do trabalho e relaxando. O comparecimento ao tribunal de um paciente da CISU que havia molestado e assassinado uma menina de três ou quatro anos de idade apareceu nas notícias. Esse paciente fora hospitalizado por ter sido considerado incapaz de se defender das acusações apresentadas contra ele. Ele foi examinado e avaliado por vários psiquiatras e psicólogos, e recebeu uma série de diagnósticos que, naquela época, provavelmente teriam conseguido inocentá-lo por motivo de insanidade. Ele não teria tido que ir para a prisão e teria ficado confinado ao ambiente menos restritivo do hospital estadual com a chance de uma liberdade condicional.

O dr. Hew Len havia interagido com esse paciente que, com o tempo, pediu que lhe ensinassem o processo do Ho'oponopono da Identidade Própria. Ao que consta, ele praticou de forma muito persistente e regular, compatível com a sua condição de ex-oficial dos fuzileiros navais. A essa altura, ele fora considerado apto para se defender e foi então marcada uma audiência no tribunal para que ele fizesse a sua contestação.

Embora quase todos os outros prisioneiros e os seus advogados houvessem optado por se declarar inocentes por motivo de insanidade e provavelmente sempre o fariam, não foi o que esse paciente fez. Na véspera do dia em que estava marcado o seu comparecimento ao tribunal, ele dispensou o advogado. Na tarde seguinte, ele se postou no tribunal diante do juiz e proclamou com humildade e remorso: "Sou responsável e lamento o que fiz." Ninguém esperava por isso. O juiz levou alguns instantes para entender o que acabara de acontecer.

Eu jogara tênis com o dr. Hew Len e esse homem em duas ou três ocasiões e, embora o paciente tivesse sido extremamente educado e atencioso, eu o tinha julgado. No entanto, naquele momento, senti apenas ternura e amor por ele, bem como uma enorme mudança em toda a sala do tribunal. O tom de voz do juiz e dos advogados era agora suave, e todos os que o cercavam pareciam estar olhando para ele com um sorriso afetuoso. Foi um momento importante.

Assim, quando o dr. Hew Len perguntou certa tarde se alguns de nós gostaríamos de saber mais a respeito desse ho'oponopono depois do jogo de tênis, aceitei de imediato, esperando ansiosa que o jogo começasse e acabasse. Quase vinte anos se passaram, e ainda tenho profunda admiração pelo que vim a saber depois que era a Divindade atuando através do dr. Hew Len no Hawaii State Hospital. Sou eternamente grata ao dr. Hew Len e ao processo "esquisito" que ele trouxe consigo.

A propósito, caso você esteja querendo saber, esse paciente foi considerado simplesmente culpado, sem nenhum atenuante devido a uma possível doença mental, tendo sido, de certa maneira, recompensado pelo juiz, que atendeu ao seu pedido de cumprir a pena em uma penitenciária federal no seu estado natal, onde poderia ficar perto da esposa e dos filhos.

Além disso, embora quase vinte anos tenham se passado, recebi um telefonema esta manhã da antiga secretária da unidade que queria saber se o dr. Hew Len estaria disponível em um futuro próximo para se reunir com alguns membros da antiga equipe, cuja maioria está aposentada. Vamos nos reunir com eles daqui a algumas semanas. Quem sabe o que poderá acontecer? Ficarei com as antenas ligadas para captar novas histórias.

*Paz,
O. H.*

Aí está. O dr. Hew Len havia de fato realizado um milagre no hospital. Ao praticar o amor e o perdão, ele transformou pessoas incorrigíveis e, de muitas maneiras, consideradas a escória da sociedade.

Esse é o poder do amor.

É claro que eu queria saber ainda mais.

Quando eu estava completando a primeira versão preliminar deste livro, eu a enviei ao dr. Hew Len para que a revisasse. Eu queria que ele verificasse se ela estava precisa. Também desejava que ele preenchesse quaisquer buracos na história a respeito dos anos que passou naquele hospital psiquiátrico. Cerca de uma semana depois de receber o original, ele me enviou o seguinte e-mail:

Ao Akua:

Esta é uma nota confidencial apenas para os seus olhos. Eu a escrevo depois de ler a versão preliminar de *Zero Limit*. Tenho outros comentários a fazer sobre essa versão, mas eu os deixarei para futuros e-mails.
"Está concluído", declarou Morrnah sem ser enfática.
"O que está concluído?", perguntei.
"O seu trabalho no Hawaii State Hospital está concluído."
Embora eu sentisse o caráter final do seu comentário naquele dia de verão de julho de 1987, retruquei: "Tenho que dar a eles duas semanas de aviso prévio." É claro que isso não aconteceu. Nunca foi sugerido que eu fizesse isso. E ninguém no hospital mencionou essa possibilidade.
Não voltei ao hospital, nem mesmo quando fui convidado para a minha festa de despedida. Os meus amigos fizeram a festa sem mim. Os presentes de despedida foram enviados para o escritório da Foundation of I no dia seguinte da festa.
Adorei a minha permanência no Hawaii State Hospital na unidade forense. Adorei as pessoas da ala. Em algum momento, não sei exatamente qual, deixei de ser o psicólogo da equipe e passei a ser um membro da família.
Vivi em estreito contato com a equipe, os pacientes, as regras, as políticas, as panelinhas e as forças visíveis e invisíveis na ala durante três anos, 20 horas por semana.
Eu estava lá quando as celas de reclusão, as algemas, a medicação e outras formas de controle eram modos de operação regulares e aceitáveis.
Eu estava lá quando o uso das celas de reclusão e de algemas simplesmente se evaporaram em algum momento. Quando? Ninguém sabe.
A violência física e verbal também se evaporou quase completamente.

A redução no uso de medicamentos ocorreu por si só.

Em algum momento, sabe-se lá quando, os pacientes passaram a deixar a unidade para atividades de recreação e de trabalho sem grilhões de metal e sem necessitar de autorização médica.

A mudança na ala de um lugar desequilibrado e tenso para um local tranquilo ocorreu de forma simples e sem esforço consciente.

A mudança da ala de um lugar que tinha uma carência de pessoal crônica para um local com excesso de funcionários simplesmente aconteceu.

Desejo deixar claro que eu era um membro próximo e ativo da família na ala, e não um espectador.

De fato, eu não oferecia terapia. Não aplicava testes psicológicos. Não comparecia às reuniões da equipe sobre os pacientes. No entanto, eu estava intimamente envolvido com o funcionamento da ala.

Eu estava presente quando surgiu o primeiro projeto de trabalho dentro da ala: assar biscoitos para vender para fora. Eu estava presente quando apareceu a primeira atividade fora da ala: lavar carros. Eu estava presente quando o primeiro programa de recreação fora da ala teve início.

Não deixei de executar as funções habituais do psicólogo da equipe por sentir que eram inúteis. Eu simplesmente o fiz por motivos desconhecidos.

Entretanto, eu percorria a ala e participava da preparação dos biscoitos, do jogging e das partidas de tênis fora da ala.

Porém, mais do que tudo, eu fazia a minha limpeza antes, durante e depois de cada visita à ala, todas as semanas, durante três anos. Eu purificava tudo que estivesse acontecendo em mim relacionado com a ala todas as manhãs e todas as noites, e também quando qualquer coisa a respeito da ala me vinha à cabeça.

Obrigado.

Eu te amo.

Paz do Eu,

Ihaleakala

Adorei esse esclarecimento adicional. Ao mesmo tempo que revelou humildade da parte do dr. Hew Len, também ajudou a explicar o que ele fez e o que não fez enquanto estava a serviço do hospital.

Escrevi para ele e pedi a sua permissão para incluir neste livro o e-mail que ele me enviou, para que eu pudesse compartilhá-lo com os leitores. Ele respondeu com uma única palavra, a que eu esperara que ele escrevesse: "Sim."

O meu aprendizado com esse homem incrível ainda não terminou. Decidimos que começaríamos a oferecer seminários juntos e, é claro, que seríamos coautores deste livro. Mas pelo menos agora eu tinha a história completa a respeito de como ele ajudou a curar uma ala inteira de criminosos que sofriam de doenças mentais. Ele fez isso como faz tudo o mais: trabalhando em si mesmo. E ele trabalha em si mesmo com três palavras simples: "Eu te amo."

É claro que você e eu podemos realizar o mesmo processo. Se eu precisasse resumir em breves etapas o método modernizado da Identidade Própria por meio do Ho'oponopono que o dr. Hew Len ensina, o resultado talvez fosse algo assim:

1. Fazer uma limpeza contínua.

2. Agir em função de ideias e oportunidades que surgem no nosso caminho.

3. Fazer uma limpeza contínua.

É isso aí. Esse talvez seja o caminho mais curto para o sucesso jamais criado. Talvez seja o caminho de menor resistência. Talvez seja o caminho mais direto para o estado zero. E tudo começa e termina com uma frase mágica: "Eu te amo."

Essa é a maneira de penetrar a zona de *limite zero*.

E sim, *Eu te amo*.

Epílogo

Os três estágios do despertar

*A minha tarefa aqui na terra é dupla. A primeira é fazer reparações.
A segunda é despertar pessoas que possam estar adormecidas.
Quase todo mundo está adormecido!* **A única maneira pela qual
posso despertá-las é trabalhando em mim mesmo.**
— Dr. Ihaleakala Hew Len

Recentemente um repórter me perguntou: "Como você se vê daqui a um ano?"

No passado, eu teria feito um relato sincero do que eu esperava realizar. Falaria sobre os meus planos, metas e intenções. Mencionaria os livros que gostaria de escrever ou as coisas que eu queria ser, fazer, criar ou comprar. Entretanto, devido ao trabalho que realizei com o dr. Hew Len, não mais declaro metas ou intenções, e tampouco faço planos. Assim, respondi ao repórter com a verdade deste momento:

"O que quer que aconteça será bem melhor do que consigo imaginar neste momento."

Essa resposta é mais profunda do que você poderá perceber à primeira vista. As minhas palavras me surpreenderam enquanto eu as pronunciava. Também revelaram onde a minha mente está hoje em dia: estou mais interessado *neste* momento do que no seguinte. Enquanto presto atenção a este momento, todos os momentos futuros se expandem elegantemente. Certa vez eu disse ao dr. Hew Len: "A minha intenção hoje em dia é respeitar a intenção do Divino."

Há poucos minutos, descrevi para um amigo a pergunta do repórter e a minha resposta inspirada. Ele adorou. Ele vem praticando o ho'oponopono comigo há alguns meses, de modo que compreende a verdade suprema: quando abandonamos o ego e os desejos do ego, permitimos que algo melhor nos oriente: o Divino.

Este novo eu, e esta nova maneira de ver as coisas, faz parte da minha vivificação. É claro que essa transformação não aconteceu da noite para o dia. No entanto, ao dizer "Eu te amo" e fazer as outras declarações, fui conduzido a uma percepção consciente mais profunda, que alguns poderiam chamar de despertar, talvez até de iluminação. Vim a compreender que esse despertar encerra pelo menos três estágios, que são praticamente um mapa da jornada espiritual da vida. Esses estágios são os seguintes:

1. *Você é uma vítima.* Praticamente todos nós nascemos sentindo que somos impotentes. A maioria permanece dessa maneira. Achamos que o mundo deseja nos prejudicar: o governo, os vizinhos, a sociedade, os caras maus, seja qual a forma que eles pareçam assumir. Sentimos que não temos nenhuma influência. Somos o efeito da causa do resto do mundo. Nós nos queixamos, reclamamos, protestamos e nos reunimos em grupos para lutar contra aqueles que nos controlam. A não ser por uma festa de vez em quando, a vida, em geral, é muito ruim.
2. *Você está no controle.* Em algum momento você assiste a um filme profundamente transformador, como *O segredo*, ou lê um livro, como *The Attractor Factor* ou *The Magic of Believing*, e desperta para o seu poder pessoal. Você percebe o poder de definir intenções. Compreende o poder que tem de visualizar a coisa que você deseja, entrar em ação e consegui-la. Você começa a vivenciar um pouco de mágica. Começa a experimentar alguns resultados interessantes. A vida, de modo geral, começa a parecer bastante satisfatória.
3. *Você está despertando.* Em algum ponto, depois do segundo estágio, você começa a compreender que as suas intenções são limitações. Você começa a perceber com todo o seu poder recém-descoberto que você não é capaz de controlar

tudo. Você começa a compreender que, quando se entrega a um poder maior, milagres tendem a acontecer. Você começa a se soltar e a confiar. Começa a praticar, a cada momento, a percepção da sua ligação com o Divino. Aprende a reconhecer a inspiração quando a recebe, e age movido por ela. Compreende que tem escolhas, mas não o controle da sua vida. Percebe que a coisa mais formidável que você pode fazer é concordar com cada momento. Neste estágio, milagres acontecem, e constantemente o surpreendem enquanto ocorrem. Você vive, em geral, em um estado permanente de assombro, admiração e gratidão.

Entrei no terceiro estágio, e talvez, a esta altura, você tenha feito o mesmo. Como você decidiu me acompanhar até aqui, vou tentar explicar melhor o meu despertar. Talvez o meu esclarecimento possa ajudá-lo a se preparar para o que você logo irá experimentar, ou a entender melhor o que você já está vivenciando.

Tive um vislumbre do Divino no primeiro seminário com o dr. Hew Len. Foi durante aqueles primeiros dias com ele que interrompi o meu palavreado mental. Aceitei tudo. Presenciei uma paz quase além do entendimento. O amor era o meu mantra. Era a música que sempre tocava na minha cabeça.

Mas esse vislumbre não parou por aí.

Sempre que eu estava na presença do dr. Hew Len, eu sentia paz. Estou certo de que se tratava do efeito do diapasão. O seu tom afetava o meu, e me conduzia à harmonia com a paz.

Durante o segundo seminário, comecei a ter o que algumas pessoas chamariam de lampejos psíquicos. Enxerguei auras. Vi anjos em volta das pessoas. Recebi imagens. Ainda me lembro de ter visto gatos invisíveis ao redor do pescoço de Nerissa. Quando eu lhe disse isso, ela sorriu. Quer a imagem fosse real, quer não, ela certamente alterou o humor de Nerissa, que ficou radiante.

O dr. Hew Len frequentemente enxerga pontos de interrogação flutuando em cima da cabeça das pessoas, o que lhe indica qual pessoa ele deve chamar em um evento. Sempre que vê símbolos invisíveis sobre os seres, ele acrescenta: "Eu sei que isso parece loucura. Os psiquiatras encarcerariam uma pessoa que dissesse coisas desse tipo."

É claro que ele está certo, mas depois que o despertar tem lugar, não há como olhar para trás. No meu primeiro fim de semana Além da Manifestação, interpretei o campo de energia de algumas pessoas. Elas ficaram assombradas. Acho que isso é mais uma abertura do que um dom. Uma parte anteriormente não-utilizada do meu cérebro foi ativada e se iluminou. Agora os meus olhos enxergam, quando eu permito. Eis o que eu disse ao dr. Hew Len: "Todas as coisas parecem falar comigo. Tudo parece vivo." Ele deu um sorriso de cumplicidade.

Na ocasião do meu segundo fim de semana Além da Manifestação, tive outra experiência satori. Satori é um vislumbre de iluminação, uma amostra do Divino. É como se uma janela se abrisse e, por um instante, nós nos amalgamássemos com a origem da vida. Essa experiência é tão difícil de descrever quanto uma flor de outro planeta, mas, ao perceber que eu podia desaparecer e experimentar o limite zero, passei por uma transformação. Essa experiência é para mim uma pedra de toque. Consigo relembrá-la e voltar a ela. Em certo nível isso é maravilhoso, pois é o meu bilhete de volta para a bem-aventurança. No entanto, em outro nível, é apenas outra memória, que me impede de vivenciar o momento presente. Tudo que posso fazer é continuar fazendo a limpeza.

Às vezes, quando estou em uma reunião, relaxo e tiro os meus olhos de foco, e consigo enxergar a verdade por trás de uma situação. É como se o tempo parasse ou pelo menos ficasse mais lento. O que percebo então é a trama subjacente da vida. É um pouco como descascar a camada superior de uma pintura e encontrar uma obra-prima debaixo dela. Você pode chamar isso de visão psíquica, visão de raios X ou visão Divina. Eu diria que "Joe Vitale" (e até mesmo "Ao Akua") desaparece no estado zero, ou os meus olhos o percebem. Existe limite zero. Apenas *é*. Nesse lugar, não há confusão. Tudo é transparente.

Não vivo nesse estado. Eu ainda volto para a suposta realidade. Ainda tenho desafios. Quando Larry King me perguntou se eu tinha dias ruins, eu respondi que sim. Eu ainda os tenho. O dr. Hew Len disse que sempre teríamos problemas. Entretanto, o ho'oponopono é uma técnica voltada para a resolução de problemas. Enquanto continuo a repetir "Eu te amo" para o Divino e dou seguimento à limpeza, eu retorno ao lugar de limite zero.

Se tentarmos explicar com palavras, o sinal que vem do zero é "amor". Desse modo, dizer ininterruptamente "eu te amo" nos ajuda a entrar em sintonia. A repetição da frase ajuda a neutralizar as memórias, programas, convicções e limitações que estão atrapalhando o nosso despertar. Enquanto eu vou fazendo a limpeza, estou o tempo todo entrando em sintonia com a genuína inspiração. À medida que eu ajo motivado por essa inspiração, acontecem milagres melhores do que eu jamais poderia imaginar. Tudo o que eu tenho que fazer é continuar a fazer o que estou fazendo.

Algumas pessoas acham que entendem a voz da inspiração prestando atenção ao tom das vozes que ouvem dentro da cabeça. Um amigo me disse certa vez: "Conheço a diferença entre a voz do meu ego e a voz da inspiração porque a voz do ego é premente e a da inspiração é mais suave."

Creio que essa ideia é enganadora. Tanto a voz que tem um tom duro quanto aquela que tem um tom suave são vozes do ego. Mesmo neste momento, enquanto lê estas palavras, você está tendo um diálogo consigo mesmo. Você está questionando o que está lendo. Você simplesmente se identificou com essa voz e acha que ela é você. Mas não é. A Divindade e a inspiração estão *atrás* dessas vozes. À medida que você continua a praticar o ho'oponopono, você vai ficando cada vez mais seguro com relação ao que é efetivamente uma inspiração e o que não é.

O dr. Hew Len está sempre nos lembrando que "Isto não é uma abordagem instantânea da cura. Ela exige tempo".

Eu acrescentaria que o despertar pode acontecer a qualquer momento. Até mesmo enquanto você lê este livro. Ou sai para dar uma volta. Ou afaga um cachorro. A situação é irrelevante. O que importa é o seu estado interior. E tudo começa, e termina, com uma bela frase:

"Eu te amo."

APÊNDICE A

Princípios fundamentais do Limite Zero

A Paz para sempre, agora, eternamente e infinitamente.
Kali Maluhia no na wa a pau, no ke'ia wa a mau a mau loa aku.

1. **Você não tem a menor ideia do que está acontecendo.**

    É impossível ter consciência de *tudo* que está acontecendo dentro e ao redor de nós, consciente ou inconscientemente. O seu corpo e a sua mente estão se regulando neste exato momento, sem que você tenha consciência disso. E o ar está repleto de sinais invisíveis, desde ondas de rádio a formas-pensamento, dos quais você não tem nenhuma sensação consciente. Você está na verdade ajudando a criar a sua realidade neste exato momento, mas isso está acontecendo *inconscientemente,* sem o seu conhecimento ou controle consciente. É por esse motivo que você pode ter todos os pensamentos positivos que quiser e ainda assim estar duro. A sua mente consciente não é a criadora.

2. **Você não tem o controle sobre todas as coisas.**

    Obviamente, se você não sabe tudo o que está acontecendo, você não pode controlar tudo. Achar que você pode obrigar o mundo a fazer o que você quer é uma viagem do ego. Como o seu ego não consegue ver grande parte do que está acontecendo no mundo neste momento, deixar que ele decida o que é melhor para você não é muito sábio. Você tem escolhas, mas não tem o controle. Você pode usar a mente consciente para começar a escolher a experiência que preferiria ter, mas precisa parar de pensar se ela vai se manifestar ou não, de que maneira, ou quando. O segredo é a entrega.

3. **Você pode curar qualquer coisa que surja no seu caminho.**

    Qualquer coisa que surja na sua vida, independentemente de como apareceu, está disponível para a cura simplesmente porque está agora no seu radar. A suposição neste caso é que, se você pode sentir alguma coisa, você pode curá-la. Se você a vir em outra pessoa, e ela o incomodar, é passível de ser curada. Ou então, segundo ouvi dizer, como Oprah afirmou certa vez: "Se você consegue avistá-la, você a tem." Você talvez não tenha a menor ideia do motivo pelo qual essa coisa está na sua vida, ou como ela apareceu, mas você não pode abandoná-la porque agora tem consciência dela. Quanto mais você remedeia o que surge, mais livre você está para manifestar o que você prefere, porque você estará libertando uma energia aprisionada para usar em outros assuntos.

4. **Você é completamente responsável por toda a sua experiência.**

    O que acontece na sua vida não é culpa sua, mas é sua responsabilidade. O conceito da responsabilidade pessoal vai além do que você diz e pensa. Ele abarca as coisas que os *outros* dizem e pensam, e que aparecem na sua vida. Se você assumir a total responsabilidade por tudo que aparece na sua vida, quando alguém surge com um problema, este também passa a ser seu problema. Isso está associado ao terceiro princípio, que afirma que você pode curar qualquer coisa que surja no seu caminho. Em resumo, você não pode culpar nada ou ninguém pela sua realidade atual. Tudo o que você pode fazer é assumir a responsabilidade por ela, o que significa aceitá-la, admiti-la e amá-la. Quanto mais você remediar o que aparece, mais você ficará em sintonia com a origem.

5. **O seu bilhete para o limite zero tem impresso nele a frase "Eu te amo".**

    O passe que lhe consegue paz além de todo o entendimento, da cura à manifestação, é a simples frase "Eu te amo". Dizê-la para o universo purifica tudo que existe em você, de modo que você pode vivenciar o milagre deste momento: o limite zero. A ideia é amar todas as coisas. Amar a gordura excessiva, o vício, a criança, o vizinho ou o cônjuge problemático; amar tudo, enfim. Dizer "Eu te amo" é o abre-te sésamo para experimentar o Divino.

6. **A inspiração é mais importante do que a intenção.**

    A intenção é um brinquedo da mente; a inspiração é uma diretiva do Divino. Em algum momento você se entregará e começará a prestar atenção, em vez de implorar e esperar. A intenção está tentando controlar a vida baseada na visão limitada do ego; a inspiração está recebendo uma mensagem do Divino e em seguida agindo em função dela. A intenção atua e produz resultados; a inspiração atua e produz milagres. Qual das duas você prefere?

APÊNDICE B

Como curar a si mesmo (ou qualquer outra pessoa) e descobrir a saúde, a riqueza e a felicidade

Aqui estão duas técnicas comprovadas de ho'oponopono para você curar a si mesmo (ou qualquer outra pessoa) de qualquer coisa que você possa notar. Lembre-se de que o que você vê em outra pessoa também está em você, de modo que toda cura é uma cura de si mesmo. Ninguém, a não ser você, precisa executar esses processos. O mundo inteiro está nas suas mãos.

Em primeiro lugar, esta é a prece que Morrnah dizia para ajudar centenas ou até mesmo milhares de pessoas. É simples, porém poderosa:

> Divino criador, pai, mãe, filho como um... Se eu, a minha família, parentes e ancestrais ofendemos a ti, tua família, teus parentes e teus ancestrais com pensamentos, palavras e ações desde o início da nossa criação até o presente, pedimos o teu perdão... Que esta prece limpe, purifique, liberte e secione todas as memórias, energias, vibrações e bloqueios negativos, e transmute essas energias indesejadas em uma luz pura... Está feito.

Segundo, a maneira de curar preferida do dr. Hew Len é dizer em primeiro lugar: "Sinto muito" e "Por favor, me perdoa". Você diz isso para reconhecer que alguma coisa – sem que você saiba o que é – entrou no seu sistema corpo/mente. Você não tem a menor ideia de como ela entrou. Você não precisa saber. Se você estiver com excesso de peso, você simplesmente assimilou o programa que o faz ficar dessa maneira. Ao dizer "Sinto muito", você está dizendo ao Divino que deseja o perdão dentro de si mesmo para o que quer que tenha trazido isso para você. Você não está pedindo ao Divino que o perdoe; você está pedindo ao Divino que o ajude a perdoar a *si mesmo*.

Em seguida, você diz "Obrigado" e "Eu te amo". Quando você diz "Obrigado", você está expressando gratidão. Você está demonstrando a sua confiança de que a questão será resolvida para o bem maior de todos os envolvidos. A frase "Eu te amo" transmuta a energia de emperrada em fluente. Ela o religa ao Divino. Como o estado zero é um estado de amor puro e possui limite zero, você está começando a alcançar esse estado expressando o amor.

O que acontece em seguida é da alçada do Divino. Você pode se sentir inspirado a tomar alguma medida. Seja o que for, faça-o. Se você não tem certeza de que medida deve tomar, use esse mesmo método de cura na sua confusão. Quando tudo estiver claro, você saberá o que fazer.

Esta é uma versão simplificada dos principais métodos de cura do ho'oponopono modernizado. Para entender melhor o processo da Identidade Própria por meio do Ho'oponopono, inscreva-se em um seminário. (Visite www.hooponopono.org.) Para compreender o que o dr. Hew Len e eu estamos fazendo juntos, visite www.zerolimits.info.

APÊNDICE C

Quem está no controle?

Dr. Ihaleakala Hew Len

Obrigado por me acompanhar e ler este apêndice. Sou grato por isso.

Amo o Ho'oponopono da Identidade Própria e a querida Morrnah Nalamaku Simeona, Kahuna Lapa'au, que tão cortesmente o compartilhou comigo em novembro de 1982.

Este artigo se baseia em ideias que escrevi no meu caderno de anotações de 2005.

9 de janeiro de 2005

Os problemas podem ser resolvidos **sem que tenhamos a menor ideia do que está acontecendo**! Compreender e reconhecer isso representa para mim um completo alívio e uma grande alegria.

A resolução de problemas, **que é parte do propósito da existência**, é no que consiste o Ho'oponopono da Identidade Própria. Para resolver problemas, é preciso lidar com duas perguntas: Quem sou eu? Quem está no controle?

Compreender a natureza do cosmo começa com o vislumbre de Sócrates: "Conhece a ti mesmo."

21 de janeiro de 2005

Quem está no controle?

Quase todas as pessoas, inclusive aquelas que fazem parte da comunidade científica, lidam com o mundo como se fosse uma entidade física. As atuais pesquisas do DNA para identificar as causas e os remédios para as doenças do coração, o câncer e a diabetes são um excelente exemplo dessa afirmação.

A Lei de Causa e Efeito: Modelo Físico

Causa	Efeito
DNA defeituoso	Doença do coração
DNA defeituoso	Câncer
DNA defeituoso	Diabetes
Físico	Problemas físicos
Físico	Problemas ambientais

O Intelecto, a **Mente Consciente**, acredita que é ele quem resolve os problemas, que controla o que acontece e o que experimentamos.

No livro *The User Illusion: Cutting Consciousness Down to Size*, o jornalista científico Tor Norretranders retrata uma imagem diferente da Consciência. Ele cita pesquisas, particularmente as do professor Benjamin Libet, da Universidade da Califórnia em San Francisco, que mostram que as decisões são tomadas antes que a Consciência as tome, e que o Intelecto não está consciente desse fato, acreditando ser ele quem decide.

Norretranders também cita uma pesquisa que demonstra que o Intelecto só tem consciência de 15 a 20 informações por segundo entre milhões que estão reagindo debaixo da percepção dele!

Se não é o Intelecto ou a Consciência, quem está no controle?

8 de fevereiro de 2005

As memórias que se repetem **determinam** o que a Mente Subconsciente experimenta.

A experiência da Mente Subconsciente é indireta; ela **imita** e **ecoa** as memórias que estão sendo reencenadas. Ela se comporta, vê, sente e decide exatamente como as memórias **determinam**. A Mente Consciente também opera, sem que ela o perceba, por meio da repetição de memórias. Elas determinam o que ela experimenta, como revelam as pesquisas.

A Lei de Causa e Efeito:
Ho'oponopono da Identidade Própria

Causa	Efeito
Memórias que se repetem na Mente Subconsciente	Físico – Doença do coração
Memórias que se repetem na Mente Subconsciente	Físico – Câncer
Memórias que se repetem na Mente Subconsciente	Físico – Diabetes
Memórias que se repetem na Mente Subconsciente	Problemas físicos – o Corpo
Memórias que se repetem na Mente Subconsciente	Problemas físicos – o Mundo

O corpo e o mundo residem na Mente Subconsciente como criações de memórias reencenadas, raramente como inspirações.

23 de fevereiro de 2005

A Mente Subconsciente e a Mente Consciente, que compreendem a Alma, não geram as suas próprias ideias, pensamentos, sentimentos e ações. Como foi observado anteriormente, a experiência delas é indireta, através de memórias que se repetem e inspirações.

> Mas os homens podem interpretar as coisas
> de acordo com as suas convicções,
> Sem levar em conta o propósito das coisas em si.
> WILLIAM SHAKESPEARE

É fundamental compreender que a Alma não gera experiências por si só, que ela enxerga como as memórias enxergam, sente como as memórias sentem, comporta-se como as memórias se comportam e decide como as memórias decidem. Ou então, como raramente acontece, ela enxerga, sente, se comporta e decide como a Inspiração enxerga, sente, se comporta e decide!

Na resolução de problemas, é crucial perceber que o corpo e o mundo não são em si os problemas, mas sim os efeitos, as consequências, de memórias que se repetem na Mente Subconsciente! Quem está no controle?

Pobre alma, centro da minha terra pecaminosa,
[Escrava] dos poderes rebeldes que te cercam,
Por que te dissipas interiormente e sofres privações,
Enquanto pintas as tuas paredes externas
com tanto luxo e ostentação?

WILLIAM SHAKESPEARE, Soneto 146

12 de março de 2005

O **Vazio** é a **base** da Identidade Própria, da Mente, do cosmo. Ele é o **estado precursor** da infusão das Inspirações da Inteligência Divina na Mente Subconsciente. (Ver Figura C.1.)

> Tudo o que os cientistas sabem é que o cosmo foi gerado a partir do nada, e retornará para o nada de onde ele veio. O universo começa e termina com zero.
>
> CHARLES SEIFE, *Zero: The Biography of a Dangerous Idea*

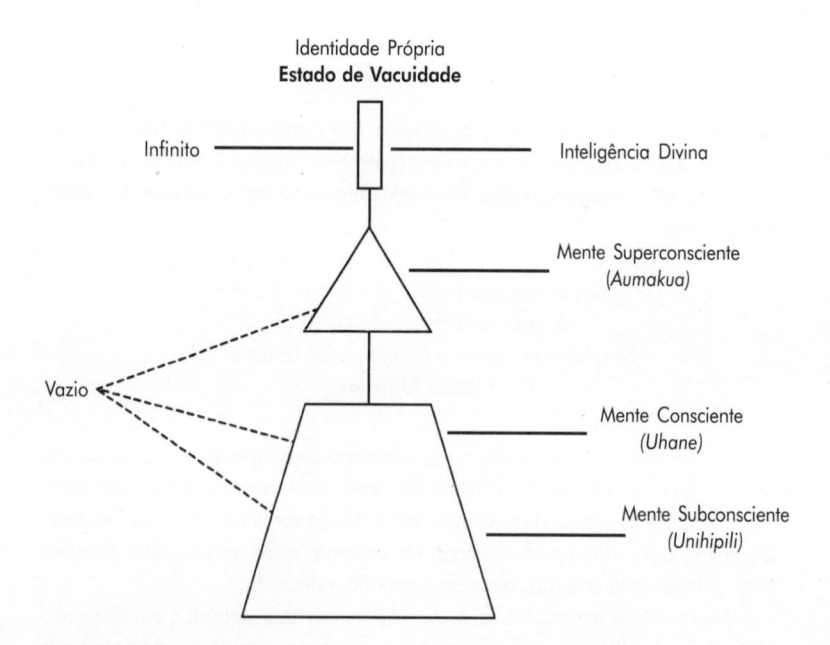

FIGURA C.1 Estado de Vacuidade

As memórias que se repetem tomam o lugar do Vazio da Identidade Própria, impossibilitando a manifestação das Inspirações. Para remediar essa remoção, para restabelecer a Identidade Própria, a Inteligência Divina precisa transformar as memórias no vazio por meio da **transmutação**.

> Purifique, apague, apague, e encontre o seu próprio Shangri-la. Onde? Dentro de si mesmo.
> MORRNAH NALAMAKU SIMEONA, Kahuna Lapa'au

> Nem torres de pedra, nem muros de metal batido,
> Nem masmorras mal ventiladas, nem fortes elos de ferro
> Podem ser retentores da força do espírito.
> WILLIAM SHAKESPEARE, Dramaturgo

22 de março de 2005

A existência é um dom da Inteligência Divina. E o dom é concedido com o **único propósito** de restabelecer a Identidade Própria por intermédio da resolução de problemas. O **Ho'oponopono da Identidade Própria** é uma versão atualizada de um antigo processo havaiano de resolução de problemas de **arrependimento**, **perdão** e **transmutação**.

> Não julgueis, e não sereis julgados. Não condeneis, e não sereis condenados. Perdoai e sereis perdoados.
> JESUS, como relatado em Lucas: 6

O **ho'oponopono** exige a plena participação de cada um dos quatro membros da Identidade Própria – a Inteligência Divina, a Mente Superconsciente, a Mente Consciente e a Mente Subconsciente – trabalhando em conjunto como uma unidade. Cada membro possui a sua parte e função única na resolução de problemas de memórias que são reencenadas na Mente Subconsciente.

A **Mente Superconsciente** é desprovida de memórias, não é afetada pelas memórias que se repetem na Mente Subconsciente. Ela é sempre uma só com a Inteligência Divina. A Mente Superconsciente acompanha o movimento da Inteligência Divina.

A Identidade Própria **opera por meio da inspiração e da memória**. Somente uma delas, ou a memória ou a Inspiração, pode estar no comando da Mente Subconsciente em qualquer momento considerado. A Alma da Identidade Própria só serve a um mestre de cada vez, em geral a memória – o espinho – em vez de a Inspiração – a rosa. (Ver Figura C.2.)

**Identidade Própria
Estado de Inspiração**

**Identidade Própria
Estado de Repetição
de Memórias**

───── Inteligência Divina ─────
───── Mente Superconsciente ─────
───── Mente Consciente ─────
───── Mente Subconsciente ─────

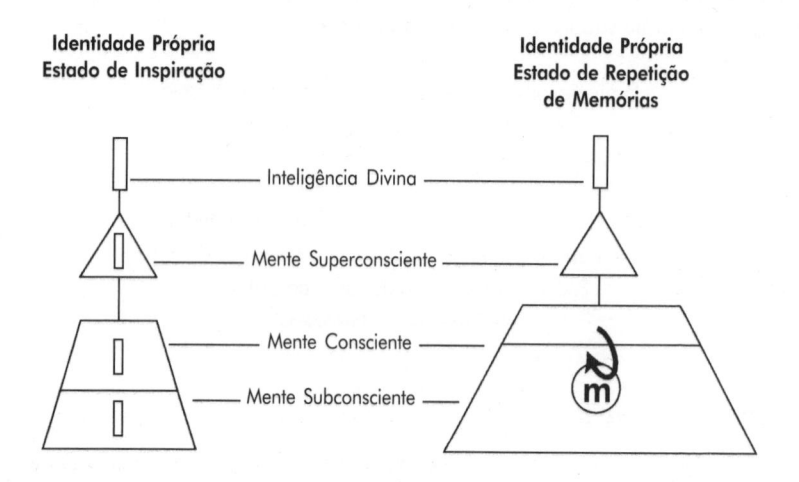

FIGURA C.2 Estado de Inspiração e Estado de Repetição de Memórias

30 de abril de 2005

> Eu sou o consumidor das minhas aflições.
> JOHN CLARE, poeta

O vazio é o **denominador comum**, o nivelador, de todas as Identidades Próprias, tanto "animadas" quanto "inanimadas". É o alicerce indestrutível e intemporal de todo o cosmo, visível e invisível.

> Achamos que essas verdades são evidentes por si só, que todos os homens [todas as formas de vida] foram criados iguais...
> THOMAS JEFFERSON, Declaração de Independência dos Estados Unidos

As memórias que se repetem desalojam o denominador comum da Identidade Própria, afastando a Alma da Mente da sua posição natural de Vazio e Infinito. Embora as memórias desalojem o Vazio, elas não podem destruí-lo. Como pode o nada ser destruído?

Uma casa dividida contra si mesma não pode permanecer em pé.
ABRAHAM LINCOLN

5 de maio de 2005

Para que a Identidade Própria seja a Identidade Própria a cada momento, ela requer um **incessante ho'oponopono**. À semelhança das memórias, o **incessante ho'oponopono nunca pode sair de férias. O incessante ho'oponopono nunca pode se aposentar. O incessante ho'oponopono nunca pode dormir. O incessante ho'oponopono nunca pode parar como...**

... nos teus dias de contentamento tem em mente
o mal desconhecido [memórias que se repetem]
que avança aos poucos por trás!
GEOFFREY CHAUCER, *Canterbury Tales*

12 de maio de 2005

A Mente Consciente pode iniciar o processo do ho'oponopono para liberar memórias ou pode mobilizá-las com culpa e pensamentos. (Ver a Figura C.3.)

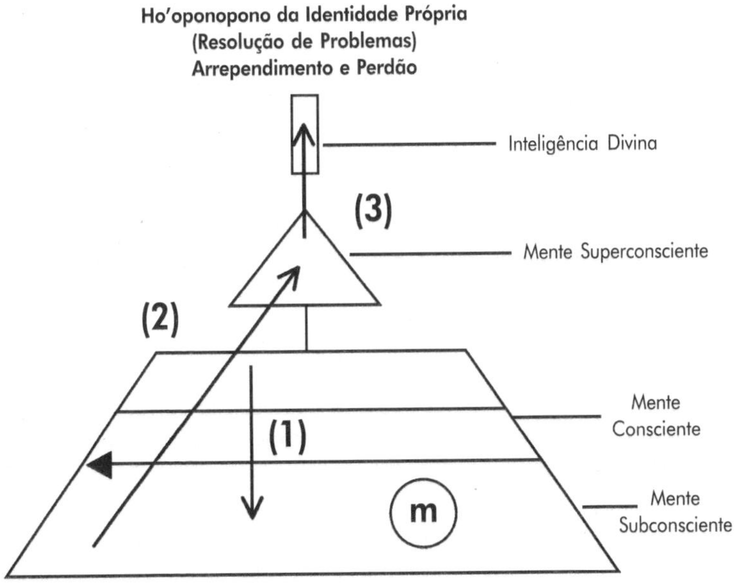

Ho'oponopono da Identidade Própria
(Resolução de Problemas)
Arrependimento e Perdão

— Inteligência Divina
— Mente Superconsciente
— Mente Consciente
— Mente Subconsciente

FIGURA C.3 Arrependimento e Perdão

1. A Mente Consciente inicia o processo de resolução de problemas do ho'oponopono, uma petição à Inteligência Divina para que ela transmute as memórias em Vazio. Ela reconhece que o problema são as memórias que se repetem na sua Mente Subconsciente, e que ela é completamente responsável por elas. A petição desce então da Mente Consciente para a Mente Subconsciente. (Ver Figura C.4.)

2. O fluxo descendente da petição para a Mente Subconsciente delicadamente desperta as memórias para a transmutação. A petição sobe agora da Mente Subconsciente para a Mente Superconsciente.

3. A Mente Superconsciente revê a petição, realizando as mudanças apropriadas. Como ela está sempre em sintonia com a Inteligência Divina, ela tem a capacidade de fazer a revisão e as mudanças. A petição é então enviada para cima, para que a Inteligência Divina faça a revisão final e teça as últimas considerações.

4. Depois de analisar a petição que lhe foi enviada pela Mente Superconsciente, a Inteligência Divina envia a energia transmutadora para baixo, para a Mente Superconsciente.

5. A energia transmutadora flui então da Mente Superconsciente para a Mente Consciente.

6. A energia transmutadora desce então da Mente Consciente para a Mente Subconsciente. **A energia transmutadora primeiro neutraliza as memórias designadas. As energias neutralizadas são então liberadas para a armazenagem, deixando um Vazio.**

12 de junho de 2005

Pensar e culpar são memórias que estão se repetindo (ver Figura C.2).

A Alma pode receber Inspiração da Inteligência Divina sem ter a menor ideia do que está acontecendo. O único requisito para a Inspiração, a criatividade Divina, é que a Identidade Própria seja a Identidade Própria. Ser a Identidade Própria exige uma **incessante** purificação das memórias.

As memórias são companheiras constantes da Mente Subconsciente. Elas nunca deixam a Mente Subconsciente para tirar férias. Elas nunca deixam a

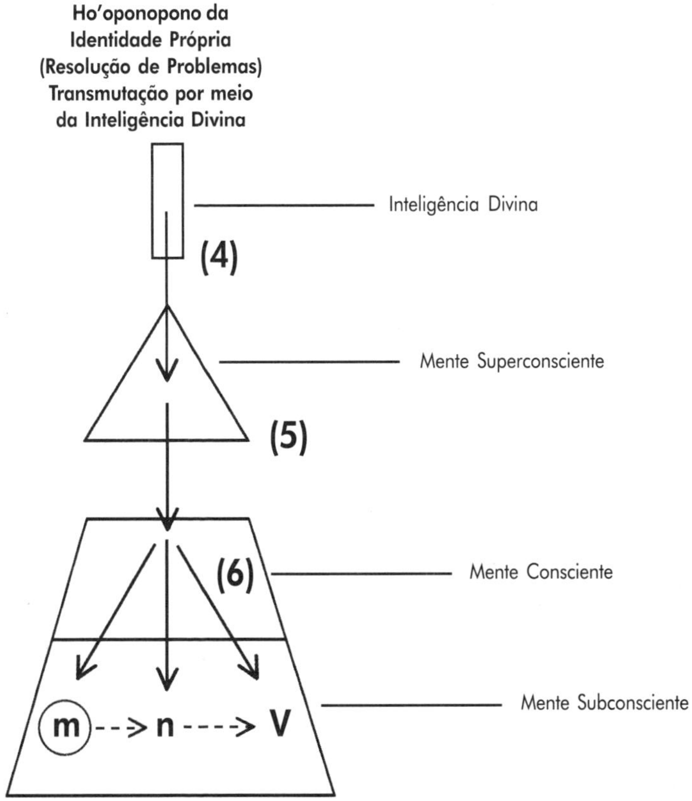

**Ho'oponopono da
Identidade Própria
(Resolução de Problemas)
Transmutação por meio
da Inteligência Divina**

```
                    ——————— Inteligência Divina
        (4)
                    ——————— Mente Superconsciente
        (5)
                    ——————— Mente Consciente
        (6)
                    ——————— Mente Subconsciente
   (m)--> n ---> V
```

FIGURA C.4 Transmutação pela Inteligência Divina

Mente Subconsciente para se aposentar. As memórias nunca param de se repetir incessantemente!

O Homem

Ó dor repentina que sempre estás perto
Da bem-aventurança mundana! Salpicado de amargura
O fim da alegria em todo o nosso esforço terreno!
A dor ocupa o objetivo que buscamos.
Para tua própria segurança pensa que não é menos,
E nos teus dias de contentamento tem em mente
O mal desconhecido que avança aos poucos por trás!

GEOFFREY CHAUCER, Canterbury Tales

Para que as memórias desapareçam de uma vez por todas, elas precisam ser purificadas e transformadas em nada de uma vez por todas.

Foi em Iowa, em 1971, que senti que estava perdidamente apaixonado pela segunda vez. A querida M, nossa filha, havia nascido.

Enquanto eu observava a minha esposa cuidar de M, eu me sentia cada vez mais apaixonado por ambas. Agora eu tinha duas pessoas maravilhosas para amar.

Depois de terminar o curso de pós-graduação em Utah naquele verão, a minha mulher e eu tínhamos uma escolha a fazer: voltar para casa, no Havaí, ou continuar o treinamento de pós-graduação em Iowa.

Quando começamos a vida no estado de Iowa, enfrentamos duas dificuldades. Primeiro, M nunca parara de chorar depois que saiu do hospital e veio para casa!

Segundo, teve início o pior inverno do século em Iowa. Todas as manhãs, semanas a fio, eu chutava a parte inferior da porta da frente do nosso apartamento pelo lado de dentro e golpeava as bordas com as mãos para quebrar o gelo que havia penetrado na fresta pelo lado de fora.

Quando M estava mais ou menos com um ano, manchas de sangue apareceram na sua roupa de cama. Somente agora, enquanto escrevo estas linhas, compreendo que o choro constante era a reação da minha filha ao grave problema de pele que foi diagnosticado mais tarde.

Chorei muitas noites enquanto observava M se coçar no seu sono intermitente. Os medicamentos com esteroides se revelaram impotentes para ajudá-la.

Por volta dos três anos de idade, o sangue vazava continuamente de rachaduras nas curvas dos cotovelos e joelhos de M. O sangue exsudava de rachaduras ao redor das articulações dos dedos da mão e do pé. Espessas camadas de pele dura e áspera cobriam o interior dos seus braços e circundavam o pescoço.

Certo dia, nove anos depois, quando já havíamos voltado para o Havaí, eu estava voltando de carro para casa com M e a sua irmã. De repente, sem nada ter premeditado conscientemente, dei comigo dando meia-volta com o carro e me dirigindo para o meu escritório em Waikiki.

"Oh, vocês vieram me visitar", comentou calmamente Morrnah quando nós três entramos no seu escritório. Enquanto remexia em papéis que estavam sobre a mesa, ela olhou para M. "Você queria me perguntar alguma coisa?", indagou ela suavemente.

M estendeu à frente os dois braços, revelando anos de dor e sofrimento gravados neles de cima até embaixo como pergaminhos fenícios. "Tudo bem", foi a resposta de Morrnah, que fechou em seguida os olhos.

O que Morrnah estava fazendo? A criadora da Identidade Própria estava fazendo Ho'oponopono da Identidade Própria. Um ano depois, 13 anos de sangramento, cicatrizes, dor, sofrimento e medicamentos haviam chegado ao fim.

Aluno do Ho'oponopono da Identidade Própria

30 de junho de 2005

O propósito desta vida é ser a Identidade Própria como a Divindade criou a Identidade Própria à sua exata semelhança, Vazia e Infinita.

Todas as experiências da vida são expressões de memórias que se repetem, e as Inspirações, a Depressão, o pensamento, a culpa, a pobreza, o ódio, o ressentimento e o sofrimento são "antigas aflições renovadas", como comentou Shakespeare em um dos seus sonetos.

A Mente Consciente tem uma escolha: pode iniciar uma incessante limpeza ou pode permitir que as memórias repitam incessantemente os problemas.

12 de dezembro de 2005

A consciência trabalhando sozinha ignora o mais precioso dom da Inteligência Divina: a Identidade Própria. Nessa condição, ela ignora o que é um problema. Essa ignorância resulta em uma ineficaz resolução do problema. A pobre Alma é abandonada a um sofrimento incessante e desnecessário durante toda a sua existência. Muito triste.

A Mente Consciente precisa ser despertada para o dom da Identidade Própria, a "riqueza além de todo o entendimento".

A Identidade Própria é indestrutível e eterna, assim como também o é a sua Criadora, a Inteligência Divina. A consequência da ignorância é a falsa realidade da pobreza implacável e sem sentido, a doença, e a guerra e a morte geração após geração.

24 de dezembro de 2005

O mundo físico é a expressão de memórias e inspirações que têm lugar na Alma da Identidade Própria. Quando modificamos o estado da Identidade Própria, o estado do mundo físico muda.

Quem está no controle, as inspirações ou as memórias que se repetem? A escolha está nas mãos da Mente Consciente.

7 de fevereiro de 2006 (Um Salto para 2006)

Aqui estão quatro processos de resolução de problemas do Ho'oponopono da Identidade Própria que podem ser aplicados para restabelecer a Identidade Própria tornando vazias as memórias que estão reencenando problemas na Mente Subconsciente.

1. **"Eu te amo."** Quando a Alma vivencia memórias que repetem problemas, diga mental ou silenciosamente para elas: "Queridas memórias, sou grato pela oportunidade de libertar todas vocês e a mim também." "Eu te amo" pode ser repetido, em silêncio, ininterruptamente. As memórias nunca saem de férias e só se aposentam se você aposentá-las. "Eu te amo" pode ser usado mesmo que você não esteja consciente do problema. A frase, por exemplo, pode ser aplicada antes que você se envolva com qualquer atividade, como dar ou receber um telefonema, ou antes de entrar no carro para ir a algum lugar.

> Amai os vossos inimigos, fazei bem aos que vos odeiam.
> JESUS, como relatado em Lucas:6

2. **"Obrigado."** Este processo pode ser usado com a frase "Eu te amo" ou em lugar dela. À semelhança de "Eu te amo", ele pode ser repetido mentalmente vezes sem conta.

3. **Água solar azul.** Beber bastante água é uma prática maravilhosa para resolver problemas, particularmente se a água for água solar azul. Pegue um recipiente de vidro azul com uma tampa não metálica e encha-o com água da torneira. Coloque o recipiente de vidro azul no sol ou debaixo de uma lâmpada incandescente (a lâmpada não pode ser fluorescente) pelo menos durante uma hora. Depois que a água tiver sido exposta à luz solar, ela poderá ser usada de diversas maneiras. Você pode bebê-la, cozinhar com ela, enxaguar o seu corpo com ela depois do banho. As frutas e as hortaliças adoram ser regadas com água solar azul! À semelhança do que ocorre com os processos "Eu te amo" e "Obrigado", a água solar azul anula as memórias que reencenam problemas na Mente Subconsciente. Então, beba à vontade!

4. **Morangos e mirtilos.** Essas frutas anulam as memórias, e podem ser ingeridas frescas ou secas. Podem ainda ser consumidas como geleia, conserva, gelatina e até mesmo como calda no sorvete!

27 de dezembro de 2005 (Um Salto de Volta a 2005)

Há alguns meses, tive a ideia de elaborar um glossário "falante" dos "personagens" essenciais do Ho'oponopono da Identidade Própria. Você poderá se familiarizar com eles no seu ritmo próprio.

Identidade Própria: Sou a Identidade Própria. Sou composta por quatro elementos: a Inteligência Divina, a Mente Superconsciente, a Mente Consciente e a Mente Subconsciente. A minha base, Vazia e Infinita, é uma réplica exata da Inteligência Divina.

Inteligência Divina: Sou a Inteligência Divina. Sou o Infinito. Crio Identidades Próprias e Inspirações. Transmuto memórias em Vazio.

Mente Superconsciente: Sou a Mente Superconsciente. Supervisiono a Mente Consciente e a Mente Subconsciente. Examino e efetuo as mudanças apropriadas na petição do ho'oponopono à Inteligência Divina iniciada pela Mente Consciente. Não sou influenciada pelas memórias que se repetem na Mente Subconsciente. Sou sempre uma com o Divino Criador.

Mente Consciente: Sou a Mente Consciente. Tenho o dom da escolha. Posso permitir que memórias incessantes determinem a experiência para a Mente Subconsciente e para mim mesma ou posso dar início à liberação delas por meio do incessante ho'oponopono. Posso peticionar à Inteligência Divina pedindo orientação.

Mente Subconsciente: Sou a Mente Subconsciente. Sou o repositório de todas as memórias acumuladas desde o início da criação. Sou o lugar no qual as experiências são vividas como memórias que se repetem ou como inspirações. Sou o lugar onde o corpo e o mundo residem como memórias que se repetem e como Inspirações. Ou o lugar no qual os problemas vivem como memórias que reagem.

Vazio: Sou o Vazio. Sou o alicerce da Identidade Própria e do Cosmo. Sou o lugar onde as Inspirações brotam da Inteligência Divina, o Infinito. As memórias que se repetem na Mente Subconsciente tomam o meu lugar mas não me destroem, impedindo o influxo das Inspirações da Inteligência Divina.

Infinito: Sou o Infinito, a Inteligência Divina. As Inspirações fluem de mim como rosas frágeis em direção ao Vazio da Identidade Própria, facilmente desalojadas pelos espinhos das memórias.

Inspiração: Sou a Inspiração. Sou uma criação do Infinito, da Inteligência Divina. Eu me manifesto a partir do Vazio na Mente Subconsciente. Sou vivenciada como uma ocorrência nova em folha.

Memória: Sou a memória. Sou um registro na Mente Subconsciente de uma experiência passada. Quando sou desencadeada, reenceno experiências passadas.

Problema: Sou o problema. Sou uma memória que reencena uma experiência passada uma vez mais na Mente Subconsciente.

Experiência: Sou a experiência. Sou o efeito de memórias que se repetem ou de inspirações na Mente Subconsciente.

Sistema Operacional: Sou o sistema operacional. Opero a Identidade Própria com o Vazio, a Inspiração e a Memória.

Ho'oponopono: Sou o ho'oponopono. Sou um antigo processo havaiano de resolução de problemas atualizado para ser utilizado hoje em dia por Morrnah Nalamaku Simeona, Kahuna Lapa'au, reconhecida como um Tesouro Vivo do Havaí em 1983. Sou formado por três elementos: o arrependimento, o perdão e a transmutação. Sou uma petição iniciada pela Mente Consciente e dirigida à Inteligência Divina para anular memórias e restabelecer a Identidade Própria. Começo na Mente Consciente.

Arrependimento: Sou o arrependimento. Sou o início do processo do ho'oponopono principiado pela Mente Consciente como um petição à Inteligência Divina para transmutar memórias em Vazio. Comigo, a Mente Consciente reconhece a sua responsabilidade pelas memórias que são reencenadas como problemas na sua Mente Subconsciente, tendo-as criado, aceitado e acumulado.

Perdão: Sou o perdão. Ao lado do Arrependimento, sou uma petição da Mente Consciente ao Divino Criador para que transforme memórias na Mente Subconsciente em Vazio. Não apenas a Mente Consciente está triste, ela também está pedindo perdão à Inteligência Divina.

Transmutação: Sou a transmutação. A Inteligência Divina me utiliza para neutralizar e liberar as memórias para o Vazio na Mente Subconsciente. Estou disponível para ser usada apenas pela Inteligência Divina.

Prosperidade: Sou a prosperidade. Sou a Identidade Própria.

Pobreza: Sou a pobreza. Sou as memórias que se repetem. Tomo o lugar da Identidade Própria, impedindo que a Inteligência Divina introduza as Inspirações na Mente Subconsciente!

Antes de terminar esta conversa, gostaria de mencionar que a leitura deste apêndice satisfaz o pré-requisito para que você compareça a uma palestra de sexta-feira à noite caso esteja pensando em fazer um seminário de fim de semana do Ho'oponopono da Identidade Própria.

Eu lhe desejo paz além de todo o entendimento.
O Kali Maluhia no me oe.
A paz esteja com você.
Ihaleakala Hew Len, PhD
Presidente Emérito
The Foundation of I, Inc. Freedom of the Cosmos

Bibliografia

Bainbridge, John. *Huna Magic*. Los Angeles. Barnhart Press, 1988.
_____ . *Huna Magic Plus*. Los Angeles: Barnhart Press, 1989.
Balsekar. *Consciousness Speaks*. Redondo Beach, CA: Advaita Press, 1993.
Berney, Charlotte. *Fundamentals of Hawaiian Mysticism*. Santa Cruz, CA: The Crossing Press, 2000.
Besant, Annie. *Thought Forms*. Nova York: Quest Books, 1969.
Blackmore, Susan. *Consciousness: An Introduction*. Nova York: Oxford University Press, 2004.
Brennert, Alan. *Moloka'i*. Nova York: reedição de St. Martin's Griffin, 2004.
Bristol, Claude. *The Magic of Believing*. Nova York: Pocket Books, 1991.
Canfield, Jack, et al. *Chicken Soup from the Soul of Hawaii: Stories of Ahola to Create Paradise Wherever You Are*. Deerfield Beach, FL: Health Communications, 2003.
Carlson, Ken. *Star Mana*, Kilauea, HI: Starmen Press, 1997.
Claxton Guy. *Hare Brain, Tortoise Mind: How Intelligence Increases When You Think Less*. Nova York: HarperCollins, 1997.
_____ . *The Wayward Mind: An Intimate History of the Unconscious*. Londres: Abacus, 2005.
Dossey, Larry. *Healing Words: The Power of Prayer and Practice of Medicine*. Nova York: HarperCollins, 1993.
Elbert, Samuel H. *Spoken Hawaiian*. Honolulu: University of Hawaii Press, 1970.
Ewing, Jim PathFinder. *Clearing: A Guide to Liberating Energies, Trapped in Buildings and Lands*. Findhorn, Escócia: Findhorn Press, 2006.
Ford, Debbie. *The Dark Side of the Light Chasers*. Nova York: Riverhead Books, 1998.

Foundation of I, Inc. *Self I-Dentity through Ho'oponopono.* Honolulu, HI: Foundations of I, Inc., 1992.

Freke, Timothy. *Shamanic Wisdomkeepers: Shamanism in the Modern World.* Nova York: Sterling, 1999.

Glanz, Karen, Barbara K. Rimer, and Frances Marcus Lewis. *Health Behavior and Health Education: Theory, Research, and Practice,* 3ª edição. San Francisco: Jossey-Bass, 2002.

Haisch, Bernard. *The God Theory.* San Francisco: Weiser Books, 2006.

Hartong, Leo. *Awakening to the Dream: The Gift of Lucid Living.* Salisbury, UK: Non-Duality Press, 2001.

Horn, Mary Phyllis. *Soul Integration: A Shamanic Path to Freedom and Wholeness.* Pittsboro, NC: Living Light Publishers, 2000.

Husfelt, J.C., D. D. *The Return of the Feathered Serpent Shining Light of "First Knowledge": Survival and Renewal at the End of an Age, 2006-2012.* Bloomington, IN: AuthorHouse, 2006.

Irvine, William. *On Desire: Why We Want What We Want.* Nova York: Oxford University Press, 2006

Ito, Karen Lee. *Lady Friends: Hawaiian Ways and the Ties That Define.* Ithaca, NY: Cornell University Press, 1999.

Kaehr, Shelley, and Raymond Moody. *Origins of Huna: Secret Behind the Secret Science.* Dallas, TX: Out of This World Publishing, 2006.

Katie, Byron. *All War Belongs on Paper.* Manhattan Beach, CA: Byron Katie, 2000.

_____ . *Loving What Is.* Nova York: Harmony Books, 2002.

Katz, Mabel. *The Easiest Way.* Woodland Hills, CA: Your Business Press, 2004.

King, Serge Kahili. *Instant Healing: Mastering the Way of the Hawaiian Shaman Using Words, Images, Touch, and Energy.* n.p.: Renaissance Books, 2000.

Kupihea, Moke. *The Cry of the Huna: The Ancestral Voices of Hawaii.* Rochester, VT: Inner Traditions, 2005.

_____ . *The Seven Dawns of the Aumakua. The Ancestral Spirit Tradition of Hawaii.* Rochester. VT: Inner Traditions, 2001.

Libet, Benjamin. *Mind Time: The Temporal Factor in Counsciousness.* Cambridge, MA: Harvard University Press, 2004.

Libet, Benjamin, et al. *The Volitional Brain: Towards a Neuroscience of Free Will.* Exeter, UK: Imprint Academic, 2004.

Long, Max Freedom. *The Secret Science Behind Miracles: Unveiling the Huna Tradition of the Ancient Polynesians.* Camarillo, CA: DeVorss, 1948.

Macdonald, Arlyn. *Essential Huna: Discovering and Integrating Your Three Selves.* Montrose, CO: Infinity Publishing, 2003.

_____ . *Nurturing Our Inner Selves: A Huna Approach to Wellness.* Montrose, CO: Infinity Publishing, 2000.

McCall, Elizabeth. *The Tao of Horses: Exploring How Horses Guide Us on Our Spiritual Path.* Avon, MA: Adams, 2004.

Neville Goddard. *At Your Command.* Reedição. Garden City, NY: MorganJames Publishing, 2005.

Neville Goddard. *The Law and the Promise.* Camarillo, CA: DeVorss, 1984.

Noe, Alva. *Is the Visual World a Grand Illusion?* Charlottesville, VA: Imprint Academic, 2002.

Noland, Brother. *The Lessons of Aloha: Stories of the Human Spirit.* Honolulu, HI: Watermark Publishing, 2005.

Norretranders, Tor. *The User Illusion: Cutting Consciousness Down to Size.* Nova York: Penguin, 1998.

Patterson, Rosemary I. *Kuhina Nui.* n. p.: Pine Island Press, 1998.

Perkins, David N. *King Arthur's Round Table: How Collaborative Conversations Create Smart Organizations.* Nova York: John Wiley & Sons, 2002.

Polancy, Toni. *So You Want to Live in Hawaii.* Maui, HI: Barefoot Publishing, 2005.

Provenzano, Renata. *A Little Book of Aloha: Spirit of Healing.* Honolulu, HI: Mutual Publishing, 2003.

Ray, Sondra. *Pele's Wish: Secrets of the Hawaiian Masters and Eternal Life.* San Francisco: Inner Ocean Publishing, 2005.

Redfield, James. *The Celestine Prophecy.* Nova York: Warner Books, 1993.

Riklan, David. *101 Great Ways to Improve Your Life.* Marlboro, NJ: Self-Improvement Online, 2006.

Rodman, Julius Scammon. *The Kahuna Sorcerers of Hawaii.* Hicksville, NY: Exposition Press, 1979.

Rosenblatt, Paul C. *Metaphors of Family Systems Theory.* Nova York: Guilford Press, 1994.

Rule, Curby Hoikeamaka. *Creating Anahola: Huna Perspectives on a Sacred Landscape.* Coral Springs, FL: Llumina Press, 2005.

Saunders, Cat. *Dr. Cat's Helping Handbook: A Compassionate Guide for Being Human.* Seattle, WA: Heartwings Foundation, 2000.

Schwartz, Jeffrey. *The Mind and the Brain: Neuroplasticity and the Power of Mental Force.* Nova York: ReganBooks, 2002.

Seife, Charles. *Zero: The Biography of a Dangerous Idea*. Nova York: Penguin, 2000.

Shook, Victoria. *Current Use of Hawaiian Problem Solving Practice – Ho'oponopono*. Sub-Regional Child Welfare Training Center, School of Social Work, University of Hawaii, Honolulu, 1981.

_____ . *Ho'oponopono: Contemporary Use of a Hawaiian Problem Solving Process*. Honolulu: University of Hawaii Press, 1986.

Simeona, Morrnah N., et al. *I Am a Winner*. Los Angeles: David Rejl, 1984.

Steiger, Brad. *Kahuna Magic*. PA: Whitford Press, 1971.

Vitale, Joe. *Adventures Within*. Bloomington, IN: AuthorHouse, 2003.

_____ . *The AMA Complete Guide to Small Business Advertising*. Lincolnwood, IL: NTC Business Books, 1995.

_____ . *The Attractor Factor: Five Easy Steps for Creating Wealth (or Anything Else) from the Inside Out*. Hoboken, NJ: John Wiley & Sons, 2005.

_____ . *Buying Trances: A New Psychology of Sales and Marketing*. Hoboken, NJ: John Wiley & Sons, 2007.

_____ . *Hypnotic Writing*. Hoboken, NJ: John Wiley & Sons, 2006.

_____ . *Life's Missing Instruction Manual: The Guidebook You Should Have Been Given at Birth*. Hoboken, NJ: John Wiley & Sons, 2006.

_____ . *The Seven Lost Secrets of Success*. Garden City, NY: MorganJames Publishing, 2005.

_____ . *There's a Customer Born Every Minute: P. T Barnum's 10 Rings of Power for Fame, Fortune, and Building an Empire*. Hoboken, NJ: John Wiley & Sons, 2006.

_____ . *Turbochange Your Writing*. Houston, TX: Awareness Publications, 1992.

_____ . *Zen and Art of Writing*. Costa Mesa, CA: Westcliff, 1984.

Vitale, Joe e Bill Hibbler. *Meet and Grow Rich*. Hoboken, NJ: John Wiley & Sons, 2006.

Vitale, Joe e Jo Han Mok. *The E-Code*. Hoboken, NJ: John Wiley & Sons, 2005.

Wagner, David. *The Illusion of Conscious Will*. Cambridge, MA: MIT Press, 2002.

Wilson, Timothy. *Strangers to Ourselves: Discovering the Adaptive Unconscious*. Londres: Belknap Press, 2002.

Fontes on-line

www.attractanewcar.com
www.attractorfactor.com
www.Beyondmanifestation.com
www.businessbyyou.com
www.clearingmats.com
www.cardiosecret.com
www.fit-a-rita.com
www.Healingpainting.com
www.hooponopono.org
www.JoeVitale.com
www.milagroresearchinstitute.com/iloveyou.htm
www.MiraclesCoaching.com
www.mrfire.com
www.SubliminalManifestation.com
www.thesecretofmoney.com
www.thesecret.tv
www.ZeroLimits.info

Como vivenciar o
LIMITE ZERO neste momento

Uma oferta gratuita para os leitores

O dr. Ihaleakala Hew Len e o dr. Joe Vitale criaram um site que "faz uma limpeza" em você enquanto você o visita. Tudo o que você precisa fazer é ficar sentado e deixar que a limpeza tenha lugar. O site é www.zerolimits.info.

Se você está interessado em fazer o download do curso sobre limite zero, que consiste em CDs de áudio de uma apresentação ao vivo dos autores, e/ou se você gostaria de participar de um seminário ao vivo com o dr. Hew Len e o dr. Vitale, simplesmente visite o site www.zerolimits.info.

> Se você quiser receber um Artigo Especial*
> sobre como fazer o Ho'oponopono da Identidade
> Própria para liberar os bloqueios à saúde, à riqueza
> e à felicidade, simplesmente envie um e-mail
> em branco para zero@aweber.com.

---

* Em inglês. (N. da T.)

Impressão e Acabamento:
EDITORA JPA LTDA.